困った
悩みが消える
感情整理法

精神科医・医学博士
水島広子

さくら舎

はじめに

困った悩み。

人間であれば、ほとんどの人が何かしら持っていると思います。「まあ、人生そんなものだから」と軽く受け流している人もいれば、命に関わるほど深刻に悩んでいる人もいるでしょう。また、同じ人でも、人生の時期によって、悩みへのとらわれ方は違うと思います。

一般に、悩みが頭を占拠してしまっているようなときには、「なんで自分はこうなんだろう。どうしたら他の人みたいに、悩まずに生きられるのだろう」と思うこともあります。自分が深く悩んでいるとき、他の人は幸せで気楽に生きているように見えがちですね。

でも、本書にニーズがあるように、実はほとんどの人が、何かしら悩んでいるのが現代社会です。SNS（ソーシャル・ネットワーキング・サービス）の普及や、地域の崩壊《ほうかい》、格差の拡大など、かつてに比べて「生きづらさ」を増す要因が増えているように思います。

本書は、私が東京新聞栃木版（途中からは、一部茨城版も追加されました）に「こころの健康便」として連載してきたもの（これは、「こころの健康術」として、途中から北海道新聞ウェブ版でも連載させていただいています）と、北日本新聞に「『女』のホンネ」として連載してきたものを一冊の本にまとめたものです。連載はまだまだ続いていますが、このたびさくら舎さんの発案により、ここまでの分を一冊の本にまとめることにいたしました。

本書の特徴は、どの項目も、読者の方からランダムにいただいたご質問に私が答える、という体裁になっていることです。ですから、章ごとにテーマを大きくまとめてはあるものの、もちろんそれぞれのテーマにおいて重複する悩みもあります。

実際に、私たちが日常生活で感じる悩みとは、そういう性質のものが多いと思いますので、まさに現実的な内容といえるでしょう。また、老若男女それぞれが生活の中で抱えている具体的な問題に実用的な答えを提供する、という意味で、たいへん幅広い形となっています。

「自分と同じ悩み！」と思われるものもあるでしょうし、全体を読まれることで、そこに共通する「生き方のコツ」を見出すこともできるでしょう。気になるテーマから読んでいただいてもよいですし、全体を通して読んでいただいても、ご自身の人生の参考になると思います。

ある人の悩みは別の人の悩みに通じ、夫も悩めば妻も悩む、親も悩めば子も悩む、上司が悩めば部下も悩む、というふうに、「あの人も悩んでいるんだ」と知ることは、視野を広げ、心を楽にするものです。

また、一見自分の悩みとは関係なく思えるものでも、読んでみると「ああ、こう考えればいいいんだ」と自分のヒントになるものも多いはずです。本文を読んでいただければおわかりいただけると思いますが、ほとんどが対人関係上の悩みです。それが家庭内のものであっても、職場、あるいは社会的な大きな場であっても。

私は対人関係療法という、効果が科学的に証明されている精神療法を専門とする精神科医です。もちろん適切なときには薬も用いますが、多くの問題が、対人関係的な視点を持つことで解決するということを、多数の患者さんから、身をもって体験させていただいてきました。

家族など、非常に近い関係、あるいは職場、一般社会など、距離のある関係のそれぞれで、どういうところに着目したらよいかを常に考え、臨床《りんしょう》で実践してきたことを、本書でまとめさせていただいた、ということになります。

現在の私は対人関係療法を専門に自由診療をおこなっている立場なので、患者さんはいわゆる「重い患者さん」ばかりです（もちろん過去には保険診療の枠内で、より「軽い」患者さんも多く診《み》てきました）。それと同時に、ボランティア活動などによって非常に多くの方と触れてきた結果として、悩みの軽重を問わず、対人関係は心の健康を左右する、ということを身をもって経験してまいりました。悩みはさまざまであっても、骨格となる原則はあまり変わらない、というのが多くの経験から感じとった結論です。

本文でも繰り返し述べますが、私は今の時代に起こる多くの問題が、「それぞれの人にはそれぞれの事情がある」という当たり前の事実が共有されていないからなのではないかと思っています。

本書をお読みいただくとご理解いただけると思いますが、人の悩みは、立場が違っても案外同じであること、また、一見「なぜそんなふうにふるまうのだろう？」と理解に苦しむ人には、それなりの「事情」があること。それがピンとくれば、私たちはお互いにもっと親切になりあえるし、傷つくことも減ると思います。そして、「一生かけても乗り越えられない悩み」と感じていたものが、実はそうでもない、と思えるようになるのではないでしょうか。

本書をお読みいただくことで、そんなふうに心が和《やわ》らぎ人生に希望が持てること、そしてもちろん現実的な問題が解決することを心から祈っております。

目次

2 プレッシャーを感じるときの気持ちの整理法

3 イライラが止まらないときの気持ちの整理法

4 不快指数が上昇したときの気持ちの整理法

5 気弱になったときの気持ちの整理法

6 無力感が生まれたときの気持ちの整理法

7 心の傷が痛いときの気持ちの整理法

困った悩みが消える感情整理法

1

不安感が消えないときの気持ちの整理法

優柔不断な自分をどうにかしたいときは

日常生活は大なり小なり、さまざまな判断の連続です。優柔不断なタイプの人は苦しむことが少なくありません。

ところで、優柔不断な人のエネルギーは「不安」です。

何かを決めなければならない場合、「もしもそれが失敗だったらどうしよう」などと考えてしまい、決めることができなくなってしまうのです。

たとえば、うつ病のときには、極度に優柔不断になる人がいます。それは、病気によって不安が強まるのと、自信がなくなることが相まった結果といえるでしょう。

「後悔しない人」になるのは、比較的簡単です。過去は過去で取り返しがつかないものですから、「過去のことは仕方ない」と手放すことはそれほどむずかしくありません。

しかし「決断」のほうは、よほど直観的な人でなければかなりむずかしいでしょう。

おすすめは、いろいろな人の意見を聴《き》いてみること。これは、その中に正解があるという意味ではなく、やりとりの中で決断すべきことに優先順位がついてきて、「小さな判断の間違いは仕方ない」と割り切れるようになる効果を期待してのことです。

優柔不断な人は、案外完璧主義であるともいえます。

決定した結果が多少間違っていてもかまわない、という考え方ができないのです。決定が間違っていると、まるで自分の人間としての価値が落ちたように感じてしまう人もいます。

しかし、完璧な人生などあり得ません。「ああ、失敗した」と思いながらも、その中でベストを尽くしていくと、思わぬ展開が開けたりするものなのです。

迷うのは、人間に知能が備わっている限り、仕方のないこと。「迷わず決断できる」ことは目標とすべきではないでしょう。

人生は失敗しないために送っているのではなく、楽しむために、あるいはいろいろなことを試行錯誤したりするために送っているのです。

それだけは忘れないでいたいものです。

何も迷わずに決断できる人はいない

環境の変化になじめないときは

新年度から進学や就職、人事異動で身のまわりの環境が変わる時期に見られるのが、いわゆる「五月病」。新しい環境になじめず、ストレスも重なって気持ちが不安定になったり、不眠になったり、集中力がなくなったりします。

人間は、あらゆる変化（いわゆる「おめでたい変化」も含めて）にストレスを感じる存在です。「変化」はさまざまな適応を要するものですから、どうしてもストレスをもたらします。

どんなときに「変化」への適応をむずかしく感じるかというと、「やらなければいけないこと」「できなければいけないこと」に圧倒されてしまう、「変化」そのものに納得できていない、などという場合に多いでしょう。

後者はたとえば、なぜ異動になったのか納得できない、左遷《させん》された、第一志望ではない学校に入学した、などという場合です。

「変化」への適応がむずかしいとうつ病にすらなりますが、うつ病にまではならなくても、それに近い状態になることは少なくありません。気持ちの不安定さ、不眠や集中力の低下というのはそういう現象でしょう。

変化への適応のためのポイントは、大きく言うと二つです。

一つは、自分の気持ちを肯定すること。「何でこんなことに？」「前のほうがよかった」「とてもやっていけない」などと思う自分の気持ちを、そのまま「変化の時期には当然」と肯定するのです。自分の気持ちを肯定すると、そこが足場になって前進することができます。

もう一つは、支え手の人たちとの関係です。自分が変化するときには、どうしても自分のことで頭がいっぱいになってしまい、身近な人への説明を怠《おこた》りがちになります。すると、状況を知らない周囲の人は「いつも上《うわ》の空」「ドタキャンが多い」などとネガティブな印象しか持てないことも。本来支えてほしい人たちとの関係の悪化は、大きなマイナスです。「今、自分はたいへんな変化の時期なので、愚痴《ぐち》を聴いてくれるとありがたい」と頼んで協力してもらうくらいの関係がよいでしょう。

自分の気持ちを肯定すると前進できる

他人に心を開くのがむずかしいときは

「心を許せる友だちや恋人がいつまでたってもつくれない」と思い悩む人がいます。

しかし、他人に対して心を開くのは、むずかしくて当然のことです。心を開けば傷つくリスクがありますし、「自分はどう思われるだろう」ということも気になります。

他人に対して心を開くのが苦手《にがて》な人は、「人の見分け方」をよく知らないのと、「どちらの問題か」の区別のつけ方をよく知らない場合が多いと思います。

たとえば、他人から「あなたって〇〇ね」と決めつけられて傷ついたり、いやな思いをしたりすることがありますよね。そういう「決めつけ体質」の人と安心してつきあうのはむずかしいものです。

他人の事情を考えもせずに簡単に決めつける人は「危険な人」と分類して、距離を置き、心を開く相手にしなければよいと思います。

これが「人の見分け方」です。

また、「自分はどう思われるだろう」ということは、多くの人にとって気になることでしょう。でも、「自分がどう思われるか」は、百パーセントこちら側の問題でしょうか？

そんなことはないですよね。それこそ相手の「決めつけ体質」を反映することは多いでしょう。


自分としては誠実に接したのに、なぜか嫌われてしまう場合には、おそらく相手側に何らかの問題があるのだと思います。それは、「相手の事情」です。

他人の事情をすべて知ることなど、不可能です。ですから、「？」と思うことがあったら、「まあ、何か事情があるのだろうな」と考え、自分は自分が考える「誠実」で生きていけばよいのです。

「？」を感じることが多い相手とは、やはりつきあっていくことがむずかしいので、距離を置いていけばよいと思います。

「あと一歩」を踏みだすときには、すぐに決めつけたりアドバイスしてきたりしない「安全な人」に、少しだけ心を開いてみるところから始めましょう。

「危険な人」か「安全な人」かを見分けることから

「わからず屋」に対するときは

聞き分けが悪い人のことを「わからず屋」などと言います。いい意味では頑固一徹、揺るぎない信念がある人といえるのかもしれません。

そういう人が自分のやり方を曲げない、ということには何らかの理由があります。その多くが、やり方を変えることに対する不安です。

一見すると不安などとは無縁《むえん》に思える人かもしれません。しかし、不安に基づいていない人であれば、他人の意見を聴くことができますし、それを自分のやり方に取り入れていくこともできます。

「持論を曲げずにぶつけてくる」という姿からは、「変わること（変えさせられること）への不安」が感じられます。

そんな人に対しては、「アドバイスや指摘」という形で変化を強要して脅《おびや》かすのではなく、まず「なぜその持論を持つに至ったのか」をよく聴いてみるとよいと思います。すると、過去の失敗に基づいて、あるいは誰かから言われたことが傷になって、不安の中から

よく話を聴くことで頑なな心にも変化が生まれる

「持論」にしがみついている姿が見えてくるかもしれません。

大切なのは「なるほど」と思えるところまで、余計な口出しをせずによく話を聴くことです。

「でも」などと言って話を遮《さえぎ》ってしまうと、結局はいつものパターンに戻ってしまいます。

どれほど非現実的な内容であっても、「なるほど、こういう不安があったら確かに頑固にもなるな」ということが腑《ふ》に落ちたら、「なるほど、よくわかった」と受け入れたうえで、「その怖れはもっともなものだから、チーム全体で話しあおう」としてもよいし、その不安があまりにも頑《かたく》なで、治療を必要とするほどになりそうなものであれば、「では、チームの中で責任を分担して、自分の部分だけそのやり方でやってもらおう」などと、折りあっていくことが可能になるのではないでしょうか。

否定よりも、寄り添うところから、変化が始まると思います。

親の反対に直面したときは

進学に就職、結婚。多くの人にとって、人生の分岐点で「道しるべ」となってくれるのは親でしょう。しかし、時には子の選択に賛同しないこともあります。

私は精神科医であると同時に二児の母ですから、この問題をいろいろな角度から見ることができます。

親にとっては覚悟がいることなのですが、やはり子どもは自分とは別人格であって、子どもには、子どもの人生があるのです。「親離れ」以上に必要なのは「子離れ」だと私は思っています。

親はもちろん人生の先輩ですし、子どもが進もうとする道に多くのリスクを感じとることができます。でも、「子離れ」しなければ、子どもが自立した大人になることもできないのです。

そのような背景を踏まえたうえで、子どもとして親の反対をどう扱うべきでしょうか。

単純に反抗してしまうと、親の側には「まだまだ子どもだから」という気持ちが生じてしまうと思います。それを防ぐためには、まずは親の気持ちに共感し尊重する必要があると思います。

「子どもである自分を心配してくれるのは嬉《うれ》しい。そして、人生経験はお父さん（お母さん）のほうがたくさん持っているのも知っている。お父さん（お母さん）が心配してくれていることは、もっともだと思う。でも、お父さん（お母さん）も無限の命を持っているわけではないし、自分がこれから自立した人間としてやっていくためには、リスクを冒す必要もある。失敗は覚悟しているし、自分はまだ若いから、そこから学んで立ち直ることができると思っている」

そういうことを率直に話す必要があると思います。

多くの親が、これで納得すると思います。それでも反対するとしたら、「子離れ」の必要性をわかっていない、「要注意な親」なのかもしれません。

そんなときには、親ととりあえず距離を置くことが必要かもしれませんね。

「まだまだ子ども」と思われない話し方をする

ママ友になりたくないときは

子育て中のお母さんたちにとって、あらゆる場面で「ママ友」とのつきあいは欠かせません。ママ「友」と言うので、つい自分の友だちのように思ってしまいますが、実は、「子どもの友だちのママ」です。つまり、基本的には自分の友だちではないのです。

自分の友だちというのは、相性のよい部分や気が合うところがあって友情をはぐくんでいくのだと思いますが、ママ友の場合、相性など関係なく、ただ子ども同士が友だちだと成立する関係です。

ママ友を「自分の友だち」と思ってしまうと、仲よくしなければ、という思いも出てきますし、ちょっと距離を感じたときに「嫌われた？」とまるで自分を否定されたように感じることもあるでしょう。

ママ友のもう一つの問題は、「自分の不出来が子どもに与える影響」への心配です。つきあいたくないママ友に無理やり合わせている人の中には、子どもがいじめられるのが不安、という人も少なくないものです。

しかし考えてみれば、これらのすべてが母親を中心とした考え方。子どもは子どもで、友だちとの関係を楽しみ、成長しているものです。

母親の立ち位置は、「子どものマネージャー」みたいなもの。「いつもお世話になりますね」という、社会的な愛想のよさは持ちながら、深みにはまらない、というつきあい方はできるはずです。

何かしてもらったらお礼を言い、よその子がほめるに値することをしたら「○○ちゃんはすごいですね」とほめる。必要な情報は質問する。いかにも社会的なそんな関わり方は十分可能です。

もちろん親しい友だちをつくってもかまいません。その際には、自分の友だちとしての相性をよく考えたほうがよいでしょう。子どものために、と不本意な関係に巻きこまれていくと、生活の自由がなくなったり、かえって対人関係のトラブルに巻きこまれたりしかねません。

母親の立ち位置は「子どものマネージャー」

「こだわり」という縛りから離れられないときは

日々の生活で、誰しもこだわりはあると思います。洗濯の順番や、ごみの捨て方といった細かな点から生き方に関わるものまで、千差万別です。

「こだわり」には、二種類あると思います。

一つは、「自分の人生をよりよくするために」という、主体的な「したい」という「こだわり」。自分の人生の質を損ねないために押さえておきたいポイント、とでもいうのでしょうか。

このタイプの「こだわり」は、現実的な妥協をすることが可能です。無農薬の食べ物にこだわっていても、忙しければ手に入るものですませる、というくらいの妥協ができるのです。

一方、多くの方が悩んでいる「こだわり」は、簡単な妥協などできず、自分を縛《しば》るものです。「気がすまない」という感じ方は、すでに、自分の心のあり方が自分のコントロールを離れている証拠です。

人は、なぜ、そんなに苦しい「こだわり」を持つのでしょうか。個人差もあるのですが、概《おおむ》ね、「そうしないと不安だから」という点が共通すると思います。

つまり、自分の不安を埋めるためにこだわるのです。「不安を埋めるために」が動機ですから、「こだわり行動」をしなければ不安が強くなってしまいます。

「完璧主義」は「こだわり行動」との関係が深いものです。「完璧」という概念に比べて、「まだここも足りない。どうしよう」ととらわれてしまうと、不安を埋めるためにより「完璧」を目指すことになるからです。

「こだわり」に苦しめられないためには、「完璧なんて、人間には無理」という限界を認めるのも重要です。

また、同じ「こだわる」のでも、不安に関連した「べき」の発想から、「こだわりたい」という「したい」の発想に転換するだけでも、ずいぶん楽になると思います。「したい」に転換できないことは、自分の人生から手放してもよいものなのかもしれません。ご検討ください。

「べき」から「したい」に発想転換してみる

職場の同僚とよい関係を持てないときは

社会人一年目で、同期の女性社員たちとの距離感がうまくつかめずに悩んでいる女性から、相談をいただきました。大学時代まではゼミや部活動の同級生たちと普通につきあえたのに、会社員になってからは同期のメンバーに気軽に声をかけたり、食事に誘ったりできなくなったとのこと。いつも忙しくしているように見えるし、誘って断られるのもいやなので、なかなか一声かける勇気が出ないそうです。話す機会もないので、共通の話題を見つけるのもむずかしい、という状況で、どうしたら仲よくできるのだろうか、と悩んでおられるとのことです。

学生時代は、期間も目標も限定されています。卒業すること、そしてそれまでに友だちと学生時代を楽しく過ごすということは大きな目標で、多くの人に共有されていると思います。しかし、社会人になると、それぞれの価値観や人生設計の違いから、ライフスタイルが多様になります。「キャリア志向が強い人」「出世狙《ねら》いの人」「ワークライフバランス重視の人」「よき男性との結婚を狙っていて、仕事そのものにはあまり力が入っていない人」「学生時代のように楽しく過ごしたい人」「家庭の経済問題など、本当に困っていて、とにかく収入が欲しい人」など、実にさまざまな動機を持って職場に存在しているのです。

学生時代であれば、「友だちと仲よくして学生時代を楽しく過ごす」ことは広く共有される目標なので、よほど対人関係に苦手意識がない限り、友だちづきあいをすべきかどうか悩むようなことは少ないと思います。

しかし、職場で、それも「キャリア志向が強い人」「出世狙いの人」などに対して、「友だちづきあい」を求めると、確かに断られる可能性もあるでしょう。

では、職場に友だちづきあいはないのか、というと、もちろんそんなことはありません。それはおそらく、ともに働いていく中で、培《つちか》われていくものなのだと思います。仲よくするために食事するのは、せいぜい「新入社員歓迎会」程度でしょう。職場の目標はあくまでもよい仕事をする（つまり、職業的成果を挙げる）ということにあるわけですから、そこでの対人関係もそれに沿ったものであれば、より自然に溶けこめると思います。

まずは、同期との関係性に悩むよりも、ご自身の仕事に熱中してみたらどうでしょうか。当然チームワークも必要になるでしょうし、「上司についての愚痴」「職場の体質への不満」が、似たような形で出てくると思います。

まだまだ女性にとって満足のいく仕事をしにくい社会。「話す機会もないので、共通の話題を見つけるのもむずかしい」とのことですが、同じ職場で同じような苦労をすれば、おのずと共通の話題は出てくるものです。ふだんはエリートの顔をして「キャリア志向」を貫《つらぬ》いている人でも、「本当にうちの職場の体質は古くていやになっちゃう」くらいのところでは同調できるはずです。

また、仕事ぶりを人から見てもらうことによって、価値観の違いを乗り越えた関係性を築《きず》いていくこともできるでしょう。「キャリア志向が強い人」は、往々にして「学生時代のように楽しく過ごしたい人」に癒《い》やしを感じたりするものです。

食事に誘う、と考えるとハードルが高いかもしれませんが、一緒に残業をした後、あるいは一つのプロジェクトを終えた後などは、社会人的な「打ち上げ」のタイミングです。そんなときには一緒に食べたり飲んだりして、絆《きずな》を深めていくことができるでしょう。

このような悩みは女性のほうが抱きやすいのかもしれません。女性は「関係性」を大切にする傾向がありますから、「同期とよい関係を持っておきたい」という気持ちが強いのだと思います。しかし、場所は職場。仕事を通して、よい関係を持てるといいですね。

自分の仕事に熱中すると職場の風景も変わってくる

2

プレッシャーを感じるときの気持ちの整理法

無言の圧力を感じるときは

「目標は必ず達成するように」

無理難題ともいえるような指示が上司から下りてきて、頭を抱えたことがある人もいるのではないでしょうか。直接的に言われなくても、態度や表情で迫られれば、なかなか逆《さか》らえない。人によっては、これを「圧力」と受けとるかもしれません。

そうした、人との関係におけるストレスやトラブルをなくすために役立つ概念が、「役割期待」というものです。

これは私が専門とする対人関係療法の言葉なのですが、「役割期待」というのは、「自分は相手に何をしてほしいか」「相手は自分に何をしてほしいか」ということです。そして、それを伝えあったり、調整したり、というところでコミュニケーションが活躍します。いわゆる無言の「圧力」とは、言葉を使わないコミュニケーションといえます。言葉ではっきり言わないものの、そのようなプレッシャーを与えるような雰囲気を醸《かも》し出すのです。「役割期待」にずれが生じると、さまざまな不幸につながっていきます。自分が期待した通りにやってもらえない、というのもその一つですし、相手が期待してくるものが、自分の苦手《にがて》とするものだったり、やりたくないことだったりすると、これまたストレスになります。相手の期待を勘違《かんちが》いしたときも。

ずれをなくしていくためには、直接的な言葉がいちばんです。曖昧《あいまい》な言い方をしたり、態度で表現したりする人は多いと思いますが、それでは、「役割期待のずれ」に簡単につながってしまいます。

「圧力」に対応するためには、できるだけ「言葉を使い」「直接的に」相手の役割期待を確認していくことです。「つまり私は○○すればよいのでしょうか」などと率直に尋《たず》ねてみるとよいでしょう。言葉になったことは事実として残ります。

そういう意味では、「圧力」に対応する手段は適切な質問によって「圧力」を明確な言語的コミュニケーションにすることだといえます。相手が自分にどんな役割期待をしているのか、言葉で明確にしておくことが、仕事の効率化と自己防衛につながります。

「私は○○すればよいのでしょうか」と率直に尋ねる

勝負の時を迎えるときは

人生には全力で集中して勝負すべきときが何度かありますが、受験もその一つでしょう。以前ほどではないにしても、まだまだ日本も学歴社会。結果が明らかに分かれる受験は、人にストレスやプレッシャーをもたらします。もしも失敗したら、と思うと胸がつぶれそうになる人もいると思います。

「全力で集中」と言われると、あらゆる瞬間に受験のことを考えていなければならない、と思う人もいるかもしれません。

しかし、集中名人は、同時にリラックス名人でもあります。もちろんずっとリラックスしているというわけではなく、大切なのはメリハリです。

「勉強しなければ」とただ自分を追いこんでしまうと、「たいへんだ」「間に合わない」という焦《あせ》りばかりを感じてしまい、かえって勉強に集中できない、ということにもなりかねません。

自分がそんな状態になっていることに気づいたら、ちょっとしたリラックスタイムを持ってみましょう。短時間でも、心を完全に緩《ゆる》めることは、結果として集中力を高める効果があるのです。

もちろんすべての方が志望校に合格できればよいのですが、残念ながら不合格、ということもあると思います。

そんなときのために知っておいていただきたいのですが、受験は決して人生全体を決めるものではありません。

実際の社会では、高学歴の人が必ずしも幸せになるわけではありませんし、受験に失敗したことをきっかけに、自分の狭い視野では思いつかなかったような人生が開ける人もいます。

「人事を尽くして天命を待つ」という言葉のように、今の自分にできるだけのことをしたらあとは運命に委《ゆだ》ねる、という考え方をすれば、今後の人生にもプラスに働くはずです。

集中名人はリラックス名人！

日頃の力を発揮できなくなるときは

受験にスポーツの試合、音楽の発表会……あれだけしっかり準備したのに、いざ本番の舞台に立つと、実力を出し切れずに終わってしまった。多くの人にそんな経験があるのではないでしょうか。

基本的に、「自分はちゃんとできるだろうか」「自分はどのように見られているだろうか」「自分はどう評価されるだろうか」など、「自分」を中心にした気持ちがあると、どうしても緊張し、日頃の力を発揮できなくなります。

なぜかというと、自分は「評価される側」、相手は「評価を下してくる側」ですから、当然のことといえるでしょう。

さて、「どう評価されるだろうか」にばかり目がいってしまうと、普通の人間は緊張します。それは全然おかしいことではありません。

でも、受験、スポーツの試合、発表会などを、「人と人との交流」と考えてみてください。相手はよい人材をほしがっている。あるいは、自分が手にかけた子がどれほど頑張っているかを見たがっている。

よい人材というのは、必ずしも特定の分野で成果を挙げられる人ではなく、もしも失敗しても振り返り、さらに大きな存在になっていく人です。

ここぞというところで緊張するのは、人間にとってごく当たり前のことです。ただそのときに、「評価される自分」のことは忘れて、「みなさんわかっているかな」「みなさん楽しんでいるかな」などと、見ている人たちとのつながりを意識すると、「自分」という概念が消えます。

見る人はちゃんと見ています。結果と関わりなく、努力したところはよく見ていてくれるのです。そうでない人たち、つまり結果についてあれこれ評価を下してくる人たちは人間として未熟だともいえます。振りまわされることもないでしょう。

あくまでも、受験、スポーツ、音楽は、人と人との交流の場です。自分の価値を決めるものではないことを理解しておいてください。

受験も試合も自分の価値を決めるものではない

「頑張ってプレッシャー」がかかるときは

人に声を掛けるときに「頑張って」という言葉を使うことは多いと思います。ただ、何げなく発せられるこのひとことが、追いこまれている人には逆にプレッシャーとなり、傷ついているときにはつらく感じることもあります。

うつ病の人を励ましてはいけない、ということは以前よりもずっと広く知られるようになりました。どうしてうつ病の人に「頑張って」と言ってはいけないかというと、すでに頑張りすぎてしまっていて、その結果病気になっているからです。

そこに「頑張って」と言うと、本人は「もっと頑張らなければ」と追い詰められ、病気が悪くなってしまいます。

うつ病を発症しているわけでなくても、「もっと頑張らなければ」という思いに常に駆られて、自分にダメ出しをしつづけている人たちは少なくありません。そんな人に「頑張って」と言うと、「やはり自分の頑張りは足りないのだ」と不安にさせてしまったり、「も

う
これ以上頑張れない」と絶望的な気持ちにさせてしまったりすることがあります。

また、すでに十分に頑張っているのにうまくいかない、燃え尽きてしまいそうという人は、「頑張って」と言われることで「理解してもらえない」と傷ついてしまいます。

もちろん、「頑張って」と言われることが力になる場合もあります。簡単に言えば、「頑張って」を、「自分には応援してくれる味方がいる」と受け止めることができれば、力になります。

しかし、どのように受け止められるかがわからない場合、「頑張って」の使用は慎重にしたほうがよいでしょう。「プレッシャーに感じないでほしいのだけれど」とつけ加えたり、「応援しているよ」と言い換えたりするのもよいと思います。治療中の方には「一緒に頑張るよ」と言ってあげるのもよいことです。

子どもに「頑張って」を言う場合も、結果がどうであれ頑張りをほめる、という形にしていかないと、「結果を出さないと認めてもらえない」などと思いこむ可能性があるので要注意です。

自分にダメ出しをしなくなるようにする声掛け

不妊の重圧にさらされるときは

赤ちゃんがほしい女性にとって、赤ちゃんを授《さず》かれない、ということは大きなショックです。人によっては、まるで自分に女性としての欠陥があるようにも感じられるもの。

不妊治療を受けている場合はなおのこと、「今度こそできるのでは」と期待しては裏切られる、というジェットコースターのような繰り返しに、心がすっかり消耗して、自分など生きている価値がないのではないかとすら思い詰める人もいます。

赤ちゃんを授かることができない、ということは、大切な夢を諦《あきら》めていくことです。女性であれば、何らかの形で「子どもができたら……」と思い描いていることがあるでしょうが（ポジティブなことだけでなく、仕事と両立できるだろうか、などという不安も含めて）、そういう、子どもにともなう「夢」も一緒に諦めていかなければならないというのも、不妊のつらいところです。

こんなとき、何よりも大切なのは、夫婦の信頼関係。子どもは女性だけのものではなく、夫婦の授かりものなのです。

自分のつらさを夫とよく話しあってみましょう。

「早く孫の顔が見たい」と義父母から言われてつらいのであれば、正直に夫に話して、事態を改善してもらいましょう。

もちろん子どもを授かれないことは男性にとってもつらいことですが、いままで見てきたケースでは、男性のほうがむしろ「二人で仲よくやっていく人生も悪くないね。経済的な余裕もできるから、あちこち旅行に行ったりしよう」などと言ってくれることが多いようです。

女性の場合はどうしても「女性としての価値」に結びつきがちなのですが、男性の場合はそうでもないからかもしれません。

まずは夫に気持ちを聴《き》いてもらうところから始めてみましょう。

夫に気持ちを聴いてもらうところから始める

ボスママが幅をきかせているときは

24ページでも「ママ友」の話はしましたが、ママ友は「子どもの友だちの母親」であって、自分自身の友だちではありません。

自分自身の友だちだと錯覚《さっかく》してしまうので、「好かれなければ」「よい関係を維持しなければ」というところに意識がいってしまいますし、うまくいかないときには自分が否定されたようにも感じてしまいがちです。

しかし、あくまでも「子どもの友だちの母親」と考えてみれば、どうでしょうか。それは、社会的な仕事に似ていると私は思っています。営業の仕事などでは、相手と友だちにならなくても、成果が得られればよいわけです。

立ち位置は「自分は子どものマネージャー」と考えれば、子どもが生活していくうえでのよい環境を与えてあげればよいだけで、「ママ友」に友だちとして好かれる必要は必ずしもありません。

自分がどう思われるかよりも、子どもは無事に過ごせているか、ということだけ意識していけば十分でしょう。

母親の力など借りなくても、健康に集団生活を送っていく子どもは案外多いものです。

そうはいっても、「女」は厄介《やっかい》です。

「女」というのは私が『女子の人間関係』（サンクチュアリ出版）という本の中で提唱した概念なのですが、性別としての「女性」を意味するのではなく、嫉妬《しっと》深い、表裏がある、人のことを決めつけたがる、群れたがる、敵・味方を決めたがるなど、いわゆる「女のいやな部分」といわれるような性質のことを言います。

男性に選ばれてはじめて価値が生まれる、気が利《き》くことを求められる、などの背景からつくられてきた傷だと私は考えています。

もちろん「女」は、女性だけでなく男性にも見られる性質で、「男の嫉妬」は女よりも厄介、などとよく言われますね。

「ボスママ」になるタイプの人は、「女」度が高い人が多いのです。

つまり、自分が否定されることを恐れ、群れて、「裏切り者」がいないことを常に確認したがるのです。

ランチやお茶会に興味がないからと断ると、「ボスママ」は、「自分が否定された」と感じ、「敵」のレッテルを貼ってくる可能性もあります。そして、必要な情報を与えてくれなかったり、こちらについての陰口を広めたりする可能性もあります。

「ボスママ」の配下にくだらなくても、個人的に気が合って、必要な情報を流してくれる人がいれば、その人と親しくしていくだけで十分だと思います。

「ママ友軍団」とうまくやっていくためには、全体を「ボスママへの忠誠心」という角度ではなく、「自分側の困った事情」として演出していくのがよいでしょう。

ランチやお茶会を完全に避けるのであれば、「私は本当にダメな人間で、社交的な場が苦手なんです。でも子どものために必要なことがあったら、母親として知りたいんです。○○さんなら信頼できると思ってお願いするのですが、何かあったら教えていただけますか?」と、「ボスママ」に頼りながら実を取る、という方針もあるでしょう。

自分に自信のない「ボスママ」は、「特別な存在」として扱われることが好きなのです。

あるいは、時々は「ママ友」の集まりに参加するつもりがあるのなら、行かれない日の理由をうまく考えていく必要があります。その「理由」の原則は、「自分にとって惨めな理由にする」ということです。

たとえば、「気むずかしい義父母が訪ねてくる」「自分は本当に不器用で家事が遅いので、昨夜の夕食の片づけがまだ残っている」「自治会のどぶ掃除の担当」などです。

一方、「英会話学校があるから」「エステの予約があるから」「ホームパーティの準備があるから」など、少しでも上昇志向やセレブっぽいにおいのする理由は、非常に危険です。「ボスママ」との関わりを「くだらない」と思っている印象を与えるからです。

全体としては常識的に愛想よく、陰口などにはつきあわないようにして、「あの人は常識的な人だ」という印象を与え、好意ある人に助けてもらいながらやっていくのがいちばんでしょう。

そして、「ママ友」に気をつかうよりも、子どもが健康に育っていることを確認していくことのほうがはるかに大切、という原則は忘れないように。

もちろん、とても相性のよい人など、「子どもの友だちの母親」という立場を超えて、「自分の友だち」として仲よくなれる場合もあります。
子どもが無事に過ごせているかだけを意識する

「お母さん病」が出るときは

親友のような母娘を見かけることがあります。一方で、母の呪縛《じゅばく》から逃れられないと悩む女性もいます。

「いわゆる『女のいやな部分』」である「女」(43ページ参照)には、「お母さん病」とも呼べる特徴があります。それは、「あなたのことは私がいちばんよくわかっている」というような姿勢です。

本来、人にはそれぞれ、その人にしかわからない「領域」があります。その人の内面を含む事情は、本人にしかわからないのです。大人同士の人間関係は、お互いの「領域」を尊重しあうことでうまくいきます。「本人がそうしたいと言っているのだから」「きっと何か事情があるのだろうから」などという配慮をすることで、私たちは何かを押しつけたり決めつけたりしないで関わりあうことができるのです。

赤ちゃんのときは、その「領域」のことを想像してもらわなければ生きていけません。何がほしくて泣いているのか、ということを親が忖度《そんたく》しながら育てる必要があるのです。

そういう意味で、「あなたのことは私がいちばんよくわかっている」というのは、赤ちゃんを相手にするときには役に立つ姿勢です。

しかし、子どもは成長していきます。親の知らない体験をし、その子独自の感じ方、考え方をしていくようになります。親の価値観で生きていくことに違和感が生じてくると、「反抗期」がやってきます。そして、自らの価値観、自らの人間関係をつくりあげ、親とその価値観もその中に位置づけ直すことができると、「大人」になる、といえます。

「自分には自分の領域がある」「親には親の領域がある」と認めることが「親離れ」、「娘には娘の領域がある」と認めることが「子離れ」だといえるでしょう。つまり、子どもが成長していくということは、「あなたのことは私がいちばんよくわかっている」ではなくなっていく、ということなのです。

このプロセスは寂しいものですから、「女」の弱点を刺激してしまいます。そもそも、「女」の親にとって、「女」である娘ほど安心できる存在はないということもできます。「自分は選ばれるか」ということを常に気にしている「女」にとって、そんな自分のことを無条件に愛してくれる娘は、何ものにも代えがたい存在なのです。ですから、「娘と仲よくできている」ということは、母の「女」を満たしてくれます。

単に「娘と仲よくできている」ということであれば、もちろん何の問題もありません。ただし、そこに「口出し」「束縛《そくばく》」などが出てくるのは、「お母さん病」の弊害《へいがい》に他なりません。本来は娘の「領域」に属することなのに、「あなたのことは私がいちばんよくわかっている」とばかりに口出ししたり束縛したりするのです。

もともと、「女」度の高い母親、つまり、娘の自主性を尊重するのが苦手な親はそうなりやすいでしょう。「子離れ」しないと娘を不幸にしてしまう、という自覚が必要です。

一方、娘の側から見れば、その「女」度が高いほど、反抗期を迎えるのはむずかしくなるかもしれません。「女」は関係性を大切にするので、「嫌われたくない」という気持ちも強く、人に反抗するのもむずかしいからです。

あるいは、娘のほうにも「お母さん病」があって、「ここで私が反抗するとお母さんが不幸になる」と思いこんでいる人もいます。それは決して「不幸」ではなく、前向きな関係性構築のために必要なことなのだ、という自覚を持つ必要がありますね。

お互いの「領域」を尊重できるのが大人の関係

3

イライラが止まらないときの気持ちの整理法

イライラが収まらないときは

人間は、自分の思い通りにならないことがあれば不機嫌になり、相手からいやなことを言われれば不快になります。要因は一つとは限らず、さまざまなことが重なって「常にイライラしている」という人もいるのではないでしょうか。

いままでご自分が感じてきた怒りを思い出してください。「カッとする」という類の怒りは、「予定狂い」が起こって「こんなはずではなかった」というようなときに感じる強い気持ちです。

もうひとこと踏みこんで言えば、怒りを感じるときは自分が困っているということなのです。それを認識できれば事態の改善に取り組むことができます。

「イライラ」は怒りが慢性化したものなのですが、それは、「どうしてあの人は私を困らせることばかりするのだろう」「どうしてあの人は人間としてあんな行動をとれるのだろう」という感覚が多いと思います。

これは、「人間とはこうあるべき」という「べき」と、実際の相手の姿が異なっているときに抱く感じ方といえます。ですから、「べき」の感じ方が強い人ほど、他人にイライラを感じやすいものです。つまり、不寛容なのです。

確かに言動面だけを見れば、「とんでもない」「悪い」と思うケースは少なくありません。しかし、その人がそんな言動をとるようになった「事情」は必ずあります。先天的な要因、幼少期の生育環境、いままでどんなふうに人から扱われてきたか、どんな体験をしてきたか、など、本人にしかわからない「事情」があるのです。

その人の言動はそんな「事情」に基づくもの。「とんでもない」と感じても、そこに至ったストーリーを聴《き》いてみると、人間として納得できることが多いのです。

イライラはかなりのストレスです。そんな言動をとる人を見たら、「きっと事情があるのだろうな」と思いましょう。「自分だって我慢している」という被害者意識は、「でも自分は社会のためにできることをやっていきたいという美意識を持って生きている」という自己肯定感に昇華《しょうか》させることができます。

「きっと事情があるのだろう」と思おう

精神的な忙しさから抜けだしたいときは

仕事、家事、勉強、余暇……少しでも充実した時を過ごそうとして、一年中忙しくしてはいないでしょうか。

誰しも現代社会における生活は、やることがたくさんあって忙しいです。生活を便利にするために開発されたはずのテクノロジーが、かえって「覚えなければならないこと」を増やし、結果としてより忙しくなる、ということもあるでしょう。

忙しさを考える際に、「物理的な忙しさ」（本当にやらなければならないことの量）と、「精神的な忙しさ」（「あれもやらなければ、これもやらなければ」「あれも終わっていない、これも終わっていない」という感覚）を区別することはとても重要です。

たとえば、電話一本かければすむ程度の用事でも、頭の中に「あれもやらなければ、これもやらなければ」「あれも終わっていない、これも終わっていない」があると、「とても電話なんてかけている場合ではない！」という感じ方になって圧倒されてしまうのです。

すると、その単純な「一本の電話」がかけられなくなってしまい、かけ損《そこ》ねた電話は、

ただ淡々と目の前のことに集中する

単に「あれもやらなければ、これもやらなければ」「あれも終わっていない、これも終わっていない」のエネルギーを増していくことになります。

この、「精神的な忙しさ」から解放されるためには、とにかく余計なことを考えずに、ただ淡々と目の前のことに集中していくこと。

私たちは、現在に集中しているとき、最も能力を発揮して、無駄なく気持ちよく作業できます。

「あれもやらなければ、これもやらなければ」「あれも終わっていない、これも終わっていない」と感じたら、それは脇に置いておいて、とにかく目の前のことを一つずつ片づけましょう。

達成感は、精神的な忙しさを減らしてくれますし、「自分はまだまだできる」「できることが楽しい」という感覚をもたらしてくれます。

夫婦喧嘩になりそうなときは

生まれも育ちも違う男女が一つ屋根の下に住む結婚生活は、バラ色のことばかりではありません。それぞれ違う人生を送ってきた二人がともに生きていく際には、さまざまなレベルでの調整が必要となります。

結婚してから「あれ、こんな人だったの？」「こんなはずじゃなかったのに」と思うことも多いでしょう。

人は、それぞれが育った家庭環境やそれまでの経験に基づいて、「相手もそう振る舞うべきだ」「相手もそう考えるはずだ」とどこかで思っています。ところが、まったく違う人生を歩んできた人にとって、それを「当然のこと」として期待されても困ってしまうのです。

こんなときに、「どちらが正しいか」で綱引きを始めてしまうと、夫婦関係が損なわれてしまいます。

夫婦は喧嘩をしながら仲よくなるもの、といわれますが、ちゃんとやりとりすることが大切なのであって、喧嘩が必要なわけではありません。

また、夫婦に必要なのは、「その夫婦なりの文化」を創《つく》っていくこと。結婚前のそれぞれのやり方のどちらが正しかったのかに決着をつけることではありませんね。

喧嘩にならずに「その夫婦なりの文化」を創っていくためのコツは、主語を「私」にして話すことです。

「あなたのやり方はおかしい」「あなたのやり方が気に入らない」という言い方をしている限り、相手は必ず怒りや抵抗を感じるからです。

「私はこういうことで困っている。だからあなたにはこうしてほしい」というように、自分の気持ちと期待を、「私」を主語にして相手に伝えてみましょう。

また、「おかしい」と感じる相手の言動にも、もしかしたら違う意味があるのかもしれません。すぐに「おかしい」と決めつけずに、「あなたのことをよく理解したいから教えてほしいのだけれど」と、その真意を十分に聴いてみるとよいでしょう。

主語を「私」にして話す

家事分担でモメそうなときは

夫婦共働き世帯が増えています。起こりがちなトラブルが、家事の分担。家事は確かにたいへんなもの。とくに仕事で疲れているときの家事は、負担に感じられますね。

現実には、共働きであっても女性が家事を担《にな》っていることが多いと思います。もちろん理想的には折半なのでしょうが、そういう時代が来るには、もう少し時間がかかりそうです。

実際にいろいろなご夫婦の話を聴いていると、本質的な問題は「どれだけ家事を実際に担うか」よりも「どれだけ思いやり合えるか」ということにあるようです。

「妻がやって当然」という態度を示されると、妻の不満は強まります。また、責めるような態度を示されると、夫は「男のほうがたいへんなんだ」と態度を硬化させてしまいがち。

実際に妻が多くの家事を担っているのであれば、夫は「いつもありがとう。余裕がなくて、なかなか手伝ってあげられなくてごめんね」と声をかけるだけでもずいぶん違うでしょう。
あるいは、「家事、お疲れさま」とマッサージをしてあげる、などというのも喜ばれるかもしれません。自分が苦労していることをわかってもらえている、自分という存在を大切にしてもらえている、という感覚は、物理的な家事負担を超える力があります。

夫にもっと家事を手伝ってもらうには、責めるような言い方ではなく、とにかくほめていくことが効果的です。

最初はちょっとしたこと、「ごめん、今手が離せないからゴミを出してもらえるかしら」などからでもいいのです。ゴミ出しをしてくれたら、「本当に助かったわ。あなたと結婚してよかった」などと言えば、努力をほめられることが大好きな男性は、家事にもっと前向きになってくれるでしょう。

家事を単なる負担ではなく、夫婦間コミュニケーションを活性化させるきっかけにできるといいですね。

責めるより「ほめる」のが効果大

実の母親の口出しにてこずるときは

最近は実の母親に対してストレスを感じる女性も少なくないようです。結婚して実家から独立したのに、何かと家事や子育てに口をはさみ、介入してくる……。

もう独立した大人なのにいろいろと口出ししてくる、というのは、本来は親離れ・子離れの問題です。

「子離れ」が進み、子どもを独立した大人として尊重することができれば、その人のやり方にやたらと口出ししないはずです。しかし、「子離れ」ができていないと、このような問題が起こってきます。

また、子ども側の「親離れ」も必要です。親は親であっても、自分とは別の人間です。「親離れ」を進めていくためには、「親の言うことだから聞かなければならない」「親の言うことは常に正しい」という価値観から抜けだしていく必要があるのです。

人間には、それぞれの事情があり、それに基づいて本人にしかわからない「領域」があります。その領域にずかずか踏みこむようなことを言われると、自信をなくしたり不愉快になったりするものです。

子どもを「独立した大人」として尊重するということは、子どもの領域にずかずかと踏みこまない、ということです。

それができていないお母さんに対しては、「領域に踏みこませない」という方法をとる必要があります。これは決して、お母さんが言っている内容を否定するということではありません。

お母さんはあくまでもお母さん自身の領域内で意見を言っているにすぎないので、「ふうん、お母さんはそう思うんだ」「考えてみるね」など、「お母さんの意見」として聞き流しておけばよいでしょう。内容に従う必要もなければ、反論する必要もないのです。

また、お母さんは心配のあまり余計な口出しをしていることが多く見られます。そんなときには、「もう子どもじゃないから、自分でやってみるね」と言ってあげると、その成熟した態度に安心することもあると思います。

母親の意見に反論するより聞き流す

しつけが「行きすぎ」になるときは

虐待《ぎゃくたい》で逮捕された親がよく「しつけのつもりだった」と言うのを聞きます。本当に虐待は、しつけの「行きすぎ」なのでしょうか。

実は、しつけと虐待は、まったく異なるものです。しつけとは、親が知っている生活上の知恵を子どもに受け継ぐもの。主役はあくまでも子どもです。

子どもの中に善悪の「物差し」がつくれるように。子どもの中に社会性の「物差し」がつくれるように。それが、しつけが目指していくポイントです。

しつけは決して人権侵害的な形でおこなわれるべきではありません。なぜかというと、親が伝えたい「生活上の知恵」なのですから、ちゃんと理由があるのです。

挨拶をするのは、「私はあなたと敵対するつもりはありませんよ」という意思表示であり、子どもの社会性を育て、安全を守ることにつながるのです。

ですから、しつけは、「子どもが何をしたか」を基準におこなわれます。親の機嫌によるわけではないのです。

一方、虐待の主役はもっぱら「親」です。親の機嫌が悪いと、以前は許されていたことも許されなくなったりするのです。

これでは、子どもの中に「物差し」をつくるという作業ができなくなり、子どもは常に人の顔色をうかがうような存在になってしまうでしょう。

もちろん、命につながる危険性もあります。

しつけの際、親は、上から指示するのではなく、「自分がいままで生きてきて思うことは」とか、「あなたがとても大切だから思うのだけど、それはあなたにとってどうかしら」などと、心のやり取りを心がけたほうがよいと思います。

子どもが従わない場合は、年齢を考えて、諦《あきら》めるか、「じゃあどうしたらよいと思う？」などと子ども自身の考えを聞きだすのが教育的でしょう。

親の機嫌による「しつけ」はNG

近隣トラブルを避けたいときは

子どものはしゃぐ声が騒々しい、ペットの鳴き声で眠れない、たばこの煙で洗濯物が干せない……例を挙げればきりがありませんが、ささいなことで近隣と険悪な関係になることがあります。

これはとてもむずかしい領域だと思います。この時代、ときとして近隣トラブルが殺人事件にまで発展してしまうこともありますよね。

日頃からつきあいがあり、相手がどんな人か知っていれば、「こういう頼み方なら聞いてくれるだろう」と考えられるのでしょうが、この頃は近所づきあいが必ずしもあるとは限りません。どんなタイプの人なのか知らないままに、生活空間を共有しているともいえます。

状況改善のお願いを相手にするのであれば、ぜひ、「一歩下がったお願い」をおすすめします。本当は、悪いのは相手だ、と思っていたとしても、「すみません、私は聴覚過敏症で……」とか「すみません、私はニコチンによる刺激に弱くて、病院でも避けるように言われているんです」といったように、「弱さはこちらにあるので、お願い」というスタイルをとるのが最も安全です。そうしないと、相手を否定してしまうことになり、相手によってはひどいトラブルにつながることもあるでしょう。

依頼を確かなものにするには、相手が少しでも気をつかってくれたときに、「お気づかい、本当にありがとうございます」と、お礼を言うことが大事です。菓子折の一つも持っていってよいかもしれません。

なぜ非常識な人に対してそこまで、と思うかもしれませんが、自分の生活領域からストレスを一つでも減らすことは、とても大きな意義があるからです。自分のほうが本来常識的なことを言っている、とわかっていても、「お気づかい、本当にありがとうございます」と言われた相手もいやな気はしないと思います。よりよい生活環境、という目標を目指せば、まずは戦略からですね。

それでも相手に何の改善も見られないときは、転居を考えるときかもしれません。

「一歩下がったお願い」戦略

「女」度の高い女性とつきあうときは

職場に男性受けのいいアイドル的な女性がいるが、性格が合わず、相性も悪く、仕事がやりにくくて困っている、表面上だけでも、うまくやっていくコツはないか、という相談をいただきました。このような女性を、「性格が悪くてずるい女性」「男性にだけこびを売る女性」「男性からちやほやされることをエネルギーとして生きている女性」として見ると（実際そう見たくなる気持ちは十分理解できますが）、絶望的に思えてきます。彼女だけがうまくやっている、という不公平な感覚も覚えますよね。

私の定義でいえば、この女性はかなり「女」度の高い人（43ページ参照）。「女」度の高い人というのは、「男性に選ばれることによってはじめて女性としての価値が出る人間」「いわゆる『女らしさ（女子力?-）』にしか自分の価値を置けない人」ということになります。一見図々しく見えるでしょうが、実は自分に自信がなく癒《い》やされていない人たちです。

他の男性とバリバリ仕事ができる職場ならよいのでしょうが、彼女との協調が求められる職場なのであれば、「癒やされていない彼女」に焦点を当てていくしかありません。つまり、きちんと挨拶し、彼女の「いやな部分」はあえて見ないようにして、「仕事だけの関係」と割り切る、ということです。

「女」度がかなり違う場合には、「女性同士なのだから助けあって」がうまくいかないケースが多いです。それでも、表面的だけでもうまくやっていくためには、もちろん自分は仕事を頑張るとして、アイドル的な彼女を「癒やされていない、かわいそうな存在」として見ることとです。

それは実際に起こっていることとまったく逆なので、抵抗があるとは思います。しかし、彼女のいやな部分を見て「ああすべきではないのに」と思えば自分が苦しくなります。でも「男性に愛想よくして、必死で自分の価値を確かめたいのだな」と思えば、かわいそうな感じにもなってきますよね。また、職場で女性同士、仕事だけを介した、あるいは信頼関係に基づく、さばさばした、かつ温《あたた》かい関係をつくれるということを知らない、ということでもかわいそうに思います。

気をつける点といえば相手の「女」をバカにしないこと。それがどれほど「男性だけにこびを売る」という見え透いたものであっても、「この人はこうやらないと生きていけないと信じているんだな。かわいそうに」と思えばよいのです（指摘してあげる必要はありません。相手は心の準備ができていないので攻撃されたと思うだけです）。

仕事のできなさを、男性を味方につけて適当にすまそうとしているのであれば、これまた「相談・協力しあえる対等な人間関係から得られるものを知らないんだな。かわいそうに」ということです。

自分の仕事はきちんとする。そして、「女」度の高い人に対しては、自分の「女」度をできるだけ下げて（張りあおうとしたり、嫉妬《しっと》したりしない）、心の中では「早く癒やされるといいね」と思いながら、挨拶などの礼儀はきちんとする。あるいは、彼女が男性にだけ言うお愛想を、時々彼女に言ってあげてもよいかもしれません。また、たまにはやさしく仕事を手伝ってあげて、「癒やし」の香りをかがせてあげるのもよいかもしれません。

次の人事異動まで、あるいは契約満了まで、彼女との関係は変わらないかもしれませんが、「私はこういう考えに基づいて、こういうポリシーで仕事をしている」ということを自分で認められれば、ずいぶん気持ちが違ってくると思うのです。そのうえで相手が変わるか変わらないかは相手次第で、本質的な問題ではありません。

「女」度の高い人に対しては自分の「女」度を下げる

4

不快指数が上昇したときの気持ちの整理法

性格が合わない上司とつきあうときは

理不尽《りふじん》な指示を受けたり、頭ごなしに怒られたりなど、そりが合わない上司との関係は苦痛です。

上司にとっては、部下の仕事の出来は自分の責任として降りかかってくるもの。とくに不安が強い上司は、「部下を育てよう」という余裕のある考え方ができず、とにかく自分の不安をぶつけてきます。「理不尽な指示」も「頭ごなしに怒る」のも、すべてが「何とかしてくれ！」という上司の悲鳴なのです。

こんな上司に対しては、「うわあ、このくらいのことで取り乱すなんて、不安でいっぱいの人なんだな」と、同情の目で見てあげるとよいでしょう。

ひどい扱いを受けたうえに同情するなど、とんでもない、と思うかもしれません。しかし、「上司が自分を攻撃している」と思うと自分にも何か問題があるような気がしてくるものですが、「不安の強い上司が悲鳴を上げている」と見れば、自分とは関係のない話になるのです。

「従う」のではなく、「従うふりをして、できるだけ上司を安心させる」というのが妥当でしょう。安心できれば、その上司から部下への信頼が生じて、今後の扱いが若干《じゃっかん》よくなるかもしれません。

性格が合わないという場合、そのことをざっくばらんに話しあえる上司であればベストです。やり方は違っても結果は出す、というところを信頼してもらえるようにすればよいでしょう。

話しあいがむずかしい上司は、つまり不安が強い人。「自分のやり方でやらないと不安で悲鳴が出るんだな」と見ましょう。そして、立場は部下でも、こちらのほうが「大人」になって、相手のやり方につきあってあげるのが最も省エネになるでしょう。

それでも、職場で理不尽な目にあわされれば、心はそれなりに疲弊《ひへい》するもの。仕事後は、家族や親しい友人などに話をして、「たいへんだね」「よく頑張っているね」などと言ってもらうのがよいと思います。

むずかしい上司には従うふりをして安心させる

ほめ方、しかり方で悩むときは

子どもを育てる親として、わが子のいい面をしっかりほめながら個性を伸ばすのか、逆に足りない部分を厳しく指摘しながら教育するのかは、とてもむずかしいテーマです。

まず、大原則として知っておきたいのは、子育てにおいて「否定」は百害あって一利なし、ということです。

親から受けた「否定」は、自己肯定感の低下につながり、将来的に心の病《やまい》に至ることもありますし、「生きづらさ」を抱える多くの人が、「親から否定されて育った」といいます。

もちろん単に甘やかせばよいという話ではありませんし、教育は親の責務でもあります。

親から見て「足りない」ところは、いろいろな意味で、現時点での子どもの対処能力の限界だといえます。ですから、改めたほうがよいと思うところがあったら、「本当はどうしたかったの？」「どこがむずかしかった？」などと聴《き》いて「よりよい方法」を一緒に考える、というのが教育的でしょう。

もちろん、反抗期の真っ最中など、そういった会話が成立しない時期もあります。

そんなときには、「〇〇ちゃんのことだから何か理由があったのだと思うけど、やっぱり××は賛成できないな。別の形でできないかな」などと言葉をかけておくだけでも効果的です。

どうせ親に言えば否定されると思って、言わずにいる子どもも多いからです。

ほめる際にも注意が必要です。成績がよいなど、成果をほめる習慣がついてしまうと、子どもによってはプレッシャーを感じる場合もあります。「次もよい成績をとらないと否定されてしまう」とびくびくしてしまうこともあるのです。

ほめる際は、「成果」ではなく、「努力」をほめたほうがよいでしょう。「よく頑張ったね。だからよい結果も出てよかったね」「よく頑張ったね。成績にはそれが表れていないから残念だけど、頑張ったのはすごいと思っているよ。次は成績につながるといいね」などと伝えてあげるとよいと思います。

「否定」は百害あって一利なし。ほめる際は「努力」を

いわゆる「嫁・姑」の仲が微妙なときは

「同居している母親と、妻の仲が微妙」という話をよく聞きます。同居している義理の母娘の場合、うまく折りあうためには取り組むべきいくつかのテーマがあります。

結婚するということは、それが夫の実家での同居であっても、新しく世帯を設《もう》けるということ。夫は、自分が新たにつくった世帯を守っていく、という意識を持つとバランスが取りやすくなります。

たとえば、夫の母親と妻の言い分が違う場合には妻側の味方をする、という姿勢は長期的に見るとプラスになります。

それは、親離れ・子離れを促進するということだからです。自分が選んだ人と結婚した以上、結婚生活を守っていくことはそのまま親離れにつながります。

夫の母親にとって、それはもちろん愉快なことではありません。しかし「あの子も自分の家庭を守る大人なのだから」とだんだんと諦《あきら》めていくことで、子離れが進みます。

多くの問題が、実はこの「親離れ・子離れ」問題から派生するといえるのですが、もちろん妻と義母との直接の関係づくりも一つの課題です。

人間関係は、育てていくものです。とくに義理の母娘という、ある意味では「突然与えられた」関係の場合、最初からうまくいくことなど目指すべきではなく、関係を育てていけばよいのです。

その際、「ここだけは譲《ゆず》れない」という最低限の線は、きちんとお願いしてみましょう。必要があれば夫の力も借りましょう。

また、「よい嫁でいなければ」という思いが強いと、義母の顔色を読んだり、「自分のやり方が気に入らないのではないか」などと義母の態度に意味づけをしてしまったりしがちです。

そうやって「読む」ことを基本に関係をつくってしまうと、ストレスも大きくなりますし、読んでいることが正しくない場合、ずれが広がってしまいますので要注意です。

相手の顔色や態度を「読む」のはNG

「マタハラ」にあったときは

妊娠や出産を理由に、職場などでいやがらせをされる「マタニティーハラスメント」。厚生労働省がはじめておこなった実態調査では、派遣社員の五割近くがマタハラの経験があると回答しました。

妊娠や出産は確実に計画が立てられるものでもないので、突然「実は……」と打ち明けられた上司がパニックに陥《おちい》ることはわかります。

妊娠・出産ほど、「理念と現実のギャップ」が大きいものはないでしょう。子どもが生まれるのはおめでたいこと。とくに少子化に悩むわが国では、吉報です。

しかし同時に、「突然の予定変更」が周囲に衝撃を与えることも事実です。

人としては、新たな生命の誕生を喜んであげたい。でも、そのことによって自分の働き方に大きな負担がかかるのは困る。そういう「ねじれ構造」です。

人間には、自分を守るための自己防御機能がついています。ですから、「自分の負荷《ふか》が増す」という衝撃に対して、ネガティブな気持ちを持つのは当然ですし、なんとか防ごうとするのも当然の反応です。

ですから、「産休・育休は当然の権利です！」というような姿勢ではなく、いくら法的に守られた権利であっても、きちんと相手に配慮している姿を見せる必要があります。「こんなに忙しいときに産休をとってごめんなさい」という姿勢は、人間として当然ですね。

職場は人が働いている場所。自分が休めば他の人に負担がかかるのは当たり前だということを理解して対処する必要があります。

攻撃してくる（ハラスメントをしてくる）というのは、「困っている」という証《あかし》。マタハラの精神的背景には、「仕事上困る！」というものや、「自分は子どもができないのにずるい」などがあるでしょう。

権利を手放す必要はありませんが、そういう人たちを「困っているんだな」とやさしい目で見てあげられるといいですね。「自分がいやがらせを受けている」のではなく、「相手が困っている」話なのです。

いやがらせをするのは相手が困っている証

趣味のサークルに気の合わない人がいるときは

「楽しむために入ったサークルが楽しくない」ということはよくあります。

仕事の場合はきちんと結果を出さなければなりませんが、趣味の場合は確かにその辺が曖昧《あいまい》です。気に入らない人がいて、その時間が損《そこ》なわれることをどう見るか、というのは、個人次第だと思います。

そもそも趣味の場を「趣味を楽しむ場」と位置づけているか、「好みの近い人たちと楽しくやる場」として位置づけているかの違いがあると思います。

もちろんこれらは重複するのですが、自分の場合、どちらがより大きいのかを考えてみましょう。

「趣味を楽しむ場」と位置づけているのであれば、それが可能な限り続けてよいと思います。人間関係のネガティブなエネルギーが趣味の楽しみすら妨げるのであれば、その時点で考え直せばよいと思います。

もしも「好みの近い人たちと楽しくやる場」と位置づけるのであれば、ややこしい人たちがいる場は不適切でしょう。ただし、その人たちは全体のどのくらいの割合いるのでしょうか。

過半数というのであれば論外ですが、少数であれば、「こんなふうにしかある空間にいられない、かわいそうな人たちなんだな」と思ってみると、見え方が違ってくると思います。

人間関係より「趣味を楽しむ場」として趣味に集中

人は持って生まれた性格や生育過程、現在の状況などによって、なかなか理想通りに振る舞えないもの。趣味を楽しみたいと思って入ったサークルでも、非常識な振る舞いをついしてしまうという人もいるのです。

でも、そんな人のことをとやかく言わず、しかもおべっかも使わず、「まあ、いろいろな人がいるから」と趣味に集中していけば、いずれその人たちも変わってくれるかもしれません。

その人たちにとって、はじめて安全な場の体験ができるかもしれないからです。

義母との関係をこじらせたくないときは

孫の誕生は、祖父母にとっても大きな喜びです。しかし、少々度が過ぎて、子どもの母親（いわゆる「嫁」）を困らせる義母もいるようです。

祖父母（とくに祖母）は育児経験がありますので、「自分に仕切らせてくれれば大丈夫」というような感覚があると思います。

また、予告なく家に突然やって来て困る、という話もよく聞きますが、それも「家族なんだから」という親しみの表れでしたらなかなか抗議できません。

そうはいっても、やはり若い夫婦は自分たちの家庭をつくっている最中ですし、子育ての一義的な責任を負っているのも親です。祖父母亡き後も、子どもにずっと責任を負っていくのは親なのです。

過保護な親が子どもの力を損ねるのと同様、過保護な祖父母も、「親が子どもを育てる力」を損ねがちなので注意が必要です。

子育てと同様に、試行錯誤が必要なのです。

子どもをめぐる義母とのやりとりの原則は夫を通す

義母とのやりとりの原則は、「夫を通すこと」。義理の母娘関係はどうしてもむずかしくなりがちです。

そうはいっても、実子である夫の言い分のほうが、当然受け入れやすいでしょう。

「自分たちのやり方に口を出さないで」「連絡もなく勝手に来ないで」という表現では拒絶的になってしまい、「結婚したら息子は変わってしまった」「嫁にとられた」という思いにつながるかもしれません。そもそも「そんな失礼な言い方はとてもできない」と感じる夫も少なくないでしょう。

「お母さんは、僕を育てるときに本当に一生懸命にやってくれたよね。すごく感謝しているし、僕もそういう親になりたいんだ。だから、はじめてのことばかりだけど、自分たちでやってみたい。もちろんお母さんの力が必要になることは多いと思うけど、そういうときは助けてくれるかな」というような言い方だったらどうでしょうか。

突然家を訪れることについては、「せっかく来てくれるのなら、僕がいるときにしてよ」と言えば大丈夫なのではないかと思います。

親との同居が息苦しくなったときは

子どもの頃は、虐待《ぎゃくたい》親でもない限りは、親元にいるのが最もリラックスできることでしょう。親は子どもを守り、子どもは親を頼るからです。しかしそのままでは大人になれません。

思春期の存在意義は、「親の価値観や親の人間関係の中で生きていた自分」から、「自分の価値観をつくり、親も、自分の人間関係の中に位置づける」というところにあります。

そのために、反抗期があり、親を煙たく思う時期があるのです。親を煙たく思い、友だちや先輩に親和性を感じることによって、大人として生きていく基盤をつくることができます。

先日、二〇代後半の方から、親と同居しているが自宅でリラックスできないという相談がありました。

二〇代も後半になると、通常は思春期もとっくに終わり、「親離れ」もしているはずです。親子は強い絆《きずな》を持っていることが多いですが、そうはいっても、親と子は別の人格ですし、別の世代で別の人生を歩んでいます。

親側がそれをよくわかってくれて、「大人になった子ども（たまたま同居している成人）」と見てくれれば家の中でもリラックスできるのでしょうが、親側が「自分の子ども（つまり、自分の世界で生きるべき子ども）」と見て、子ども側も「親の言うことを聞かなければ」と思っているのであれば、リラックスできないのも当然だと思います。年齢不相応なことだからです。

親の高齢化も一つの要因でしょう。二〇代後半というと、親の加齢を感じるようになるはずです。以前だったら全面的に頼れた、あるいは全面的に反抗できた親が、弱ってきているのです。

一方、自分は二〇代の会社員。社会の中で中心的な立場になりつつあります。親に甘え切ることもできないし、反抗し切ることもできない。いたわらなければならない。そんなことの結果として、リラックスできない、ということになるのではないでしょうか。

経済的事情などが許せば、やはり親との同居は避けたほうがよいと思います。長年の親子関係は、双方がよほど意識しない限り、「大人と大人の関係」にすることができないからです。

別居によって距離があれば、お互いに「それぞれの生活を持つ大人」として認識しあいやすくなりますから、だいぶ違うと思います。

それでも、非正規雇用者の増加など若者の貧困化もあって、結婚せず親と同居する人が増えているという現実もあります。

そのような事情があるのであれば、リラックスするためには「自分はすでに大人なので、大人としての空間が必要」ということを親とよく話しあったほうがよいと思います。

もちろん自分の部屋を確保し、食事などの生活習慣も、親と無理に合わせない、というような工夫が必要だと思います。

そのことを親は不愉快に思うかもしれませんが、経済的に自立できれば出て行くけれども苦渋《くじゅう》の選択であること、そして結果として親と気持ちよくやっていきたいという願いの表れなのだ、ということを説明して安心してもらうようにしましょう。

同居をやめることについて、罪悪感《ざいあくかん》を覚える必要はありません。子育て中の親はどうしても子ども中心の人生になりますが、子どもが自立した親は、親自身の幸せを追求していくことができます。

介護などが必要になったときは状況を見て工夫する必要があると思いますが、「子育て後の人生」をそれなりに楽しめない親には、良質の介護を受けることもむずかしいと思います。

子どもが常に親と一緒にいることが親の幸せ、という概念を一度手放し、それぞれの生活を確立したうえで、必要なことをやっていく、というスタンスがいちばんよいでしょう。

同居をやめることに罪悪感を持つ必要はない

職場に「お局」がいるときは

職場にいわゆる「お局《つぼね》」の女性がいるという方からの相談です。感情の起伏が激しく、同僚の多くがつきあいに悩み、下で働いていた女性が何人も辞《や》めていったとのこと。

「お局」とは、職場を仕切る古参の女性社員を意味し、とくに「意地悪」などの特徴を持つ人のことを言います。一般に「お局」のネガティブな特徴については管理職も毅然《きぜん》とした態度がとれないといわれています。

「お局」と呼ばれる女性は、まさに「女」の特徴を兼ね備えていると思います（「女」の定義については43ページをご参照ください）。自分が中心でいないと気がすまない、「お母さん病」がある、ということなどです。

つまり、自分は誰よりも職場のみんなのことをわかっている、そして自分が尊重されないと傷つき攻撃的になる、といったようなことです。

「お局」は「女」度が高い、と考えれば、つきあい方は簡単です。

「お局」は、「自分こそが職場のすべてをわかっている」と思っているものです。ですから、それに挑《いど》むようなものをすべて「敵」と感じます。「お局」と異なる意見を主張したりすると「敵」と思われてしまいますから、その雰囲気を感じたら、「お局」に合わせたほうがずっと楽です。

それでは職場が変わらない、と思われるでしょうか。

もちろん、その感覚は正常です。しかし、「職場としての限界」というものもあります。なぜ「お局」が一見無傷で存在しているのかというと、「お局」がいてバランスが取れるところがあるから、ということも考えられます。

積極的にバランスが取れている（「お局」の能力が必要とされている）ということもあるでしょうし、消極的な場合（「お局」をないがしろにするとマイナスの要素のほうが大きい）もあるでしょう。

今の職場に「お局」がいるのであれば、自分がダメージを受けずに働いていく方法を考えるのが何よりです。

最も重要なのは、「お局」のプライドを傷つけないこと。

プライド、といっても、「○○の仕事ができる」というのは、男性的です。男性はどちらかというと「課題達成型」で、何らかの課題を与えられて、それをこなしてほめられるとうれしい、というタイプが多いです。

女性、とくに「女」は、そうではなく、自分の存在そのものを評価してもらえると幸せを感じるものです。ですから「プライドを傷つけない」ということは、「お局」と仕事で争わない、というニュアンスよりも、「お局」と、存在としての重要性で争わない、という感じでしょうか。

「○○さん（お局）がいるから職場が回るのは当たり前。少しでも○○さんに近づきたいから、教えてください」という低姿勢に出れば、「お局」がへそを曲げることはあまり考えられないでしょう。

「女」である「お局」には、「お母さん病」があるはずです。つまり、「あなたのことをいちばんわかっているのは私」という感覚です。

そんな「お母さん病」を生かして、「こんなとき、どうしたらよいと思いますか？」とできるだけ相談するのも一つの手です。「ああ、この人は私を頼っているんだな」と思えば、いやな態度は減るはずです。

「お局」に頼りつつ、彼女が言うことを決して百パーセント聞くことなく、「せっかく完璧な助言をいただいたのに、これしかできなかった」というような態度で接していけば、「お局」は満足だと思います。

結局のところ、「お局」は自分を脅《おびや》かす存在などではなく、「他の女よりも下にならないように必死で頑張っている存在」と考えれば、おのずと有効な関わり方がわかってくるのではないかと思います。

「お局」との関わり方にはコツがある

パートナーの親戚が苦手というときは

顔を合わせると、「親と同居しないのか」「仕事はいつまで続けるのか」などと、ぶしつけな質問をしてくる夫の親戚が苦手《にがて》、という相談をいただきました。親戚で集まるお盆や正月などが憂鬱《ゆううつ》とのこと。夫の親やきょうだいとは問題なく話せるそうです。

何も知らないくせに「こちらの事情」の話にずかずか入りこんでくるなんてうんざりですね。もちろん、この相談は男女が入れ替わっても同じで、妻の親戚が苦手という夫もいるでしょう。親戚づきあいがむずかしいと思う人は少なくありませんよね。

このケースでのキーパーソンは、やはり夫だと思います。あくまでもその人は、夫の親戚だからです。

「私は毎年、『親と同居しないのか』とか『仕事はいつまで続けるのか』とか、聞かれたくない質問をされて、本当に困るし、自分が責められているような気がして傷つく。今年、私を守ってくれないのなら、親戚の集まりに参加したくない」と夫に言ってみるのもよいと思います。

脅《おど》しではなく、夫婦間のコミュニケーションを深めるためです。どういうところが傷つくか、とよく話してみれば、夫も理解してくれる可能性が高いです。「あの人は下品で押しつけがましくて困る」と、相手の話ばかりに終始してしまうと、自分の親戚（あるいは親戚文化）を批判されていると受けとった夫が反発心を感じる可能性があります。ですから、あくまでも「自分が困るし傷つく」という話をするのです。

結果として夫が「何とかしよう」と言ってくれれば、SOSの出し方などをよく打ちあわせるのがよいと思います。SOSのサインを出せば、夫が仮に離れたところにいても駆けつけて助けてくれるように、です。ラインなどを利用するのもよいですね。

夫が「そのくらい流してよ」と言うのであれば、「じゃあ、私はどういうふうに反応したらいいの？」と夫の意見を聞きましょう。夫の親戚なのですから、扱い方を夫に教わる、というのはおかしくないと思います。

そこまで考えさせれば、夫は「確かにむずかしい状況かもしれない」と気づいてくれるかもしれませんし、SOSラインにのってくれるかもしれません。あるいは、実はとても単純な親戚で、「こう答えておけば大丈夫」と正解を教えてくれるかもしれません。

夫があまりにも無力であれば（そうでないことを願いますが）、夫の親やきょうだいとは話せる、というところを活用して、「○○さんに、同居のこととか、答えにくい質問を何度も聞かれるとかなりきついのですが、そういうときどうしたらよいでしょう？」と聞いてみてもよいと思います。ただし、親との同居が微妙なテーマになっていたら、むずかしいですね。でも、「同居なんて考えなくていいから」というカラッとしたタイプの親であれば、力になってくれると思います。

これらすべての人が役に立ってくれない、でも親戚の集まりには行きたい（行きたくなければ、体調不良など、いくらでも口実はつくれると思います）場合の最終手段は、何を言われても「××さん（夫）とよく話しあってみますね」でかわす、ということになると思います。

それでもしつこかったら「私が勝手に決めるわけにはいかないので、××さんに聞いていただけますか？」と言ってもよいでしょう。酔った相手が「××なんて頼りにならないから……」などと言うようなら、「そんな、ひどい。私にとってとても大切な夫なのに」と少し騒ぎを大きくしてもよいと思います。そうすれば、さすがに夫の親やきょうだいが、助けに入ってくれるはずです。

パートナーにSOSのサインを出す

5

気弱になったときの気持ちの整理法

言いたいことが言えないときは

親など身近な人に言いたいことが言えない、というご相談をいただきました。

本来は、身近な人にこそ自分をわかってもらいたいもの。それなのに身近な人に言いたいことが言えない、というのは、距離が遠い人とは違い、関係性が悪くなるととても困る相手だからでしょう。あるいは、「関係がややこしくなると面倒」ということもあると思います。

もちろん人によっては、身近な人だからこそ言える、という場合もあるのですが、ここでは「なかなか言えない」というケースについて考えてみましょう。

身近な人との関係はある程度パターン化していると思います。ですから、「こういうことを言ったらこう言い返されるだろう」「かえって責められてしまうだろう」と予想できる場合もありますし、「親を大切にすべき」という考えのもと、つい従ってしまう人も少なくないと思います。

しかし、身近な人との関係性は、ストレスはもちろん、心の病《やまい》にすらつながるもの。それほど心の健康に与える影響が大きいといえるでしょう。

相手との関係を損《そこ》なわずに、自分が言いたいことを言うためにはコツがあります。それは、主語を「あなた」にしないで「私」にすること。また、相手の言い分をよく聴《き》いてから話すことです。

「言い返す」というような形にすると、どうしても相手の意見を否定することになってしまいますし、相手も身構えてしまいます。関係性にはマイナスでしょう。

そうではなく、「なるほど、その考えはよくわかった。私はね、ちょっと考えが違って、○○だと思うんだ」というように、相手の意見も尊重しつつ、「私」を主語にして自分の考えを話してみてください。

相互理解が深まると、関係性がマイナスになるどころか、むしろプラスになると思います。

関係性をマイナスにしない言い方は主語を「私」に

何かに依存しないではいられないときは

満たされない心をごまかすためだったり、軽い気持ちで手を出したり。でも、気がつけばのめりこみ、なかなか断ち切れなくなる。アルコールや薬物などの依存に至る事情は人それぞれですが、その多くが「現実から逃避したい」という共通性を持っています。

多大なストレスを抱えているとき。典型的なのはトラウマ（心的外傷）体験でしょう。自分には対処し切れないほどの現実に触れてしまったとき、そこから逃避して自分を守ろうとするのです。

あるいは、慢性的に自信がないという人が、依存物質によって自信がついたように感じることもあります。

寂しさも、依存の背景として多いです。自分の寂しさに直面し切れず、とにかく依存して、つかの間、心を満たすのです。

最近では、ダイエットをしたい、勉強の集中力を高めたい、などの理由で覚醒剤に手をつける若い人もいます。そして、結果として自分をボロボロにしてしまうのです。

依存から抜けだすために必要なのは、自分という存在の大切さに気づくこと。依存しても問題が解決するどころか、ますます悪化すると理解することです。

実は多くの人が「このままではダメだ」と思っています。それでも「どうしてもやめられない」という人もいますし、「その気になればやめられる」と解決を先送りにしている人もいます。

いずれにしても、人間には誰しも弱いところがある、それを人に見せることは恥《は》ずかしいことではない、人から支えられる権利も持っている、何かに依存することは、「生き方」ではなく「死に方」だと気づくことです。

そうはいっても、依存に走る多くの人が、自己肯定感の問題を抱えているもの。その人たちに「どうしてやめられないのだ」と迫ることは、ますます事態を悪化させます。

医療によるデトックス（有害物質を体内から出す）で身体を癒《い》やし、自助グループで心を癒やしていくことが、現時点でのおすすめです。

デトックスで身体を、自助グループで心を癒やす

弱い自分に打ち勝ちたいときは

子育ての中でも重要なテーマの一つが「強い人に育ってほしい」というもの。子どもには本当の意味で強い人に育ってほしいですね。

「本当の意味で」というのは、自分の弱さもわかったうえで、工夫したり、人に助けてもらったりしながら、その子らしく生きていける、という意味です。

性格は人それぞれです。研究結果からは、性格のうち約半分が生まれつき決まっていることがわかっています。

生まれながらの性格には、好奇心（冒険好き）、心配性、人情家、粘《ねば》り強さがあります。

強く生きていくためには、自分が本来持って生まれた性格についてよく知り、最も合ったやり方を見つけることがとても大切です。

たとえば夏休みの宿題に対しても、心配性で粘り強い子は早めに計画的に手をつけていくでしょう。そんな子には、むしろ「せっかくの夏休みなのだから」と遊びに誘ってあげたほうがよいかもしれません。

宿題をやらずにため込んでいるのには、必ず理由があるはずです。

中には、発達障害（とくに注意欠如・多動性障害）などのために、まわりのサポートなしには集中力を維持できない子もいると思います。

その子が、どういう理由で勉強できないのかを調査するところから、すべてが始まります。

重要なのは、それが「調査」であって「叱責《しっせき》」ではない、ということです。

こんな場面では親も焦《あせ》りからついつい叱責しがちなのですが、親からいつも「怠《なま》け者」「弱い」と言われつづけたことが、自己肯定感の低さにつながり、ひいては心の病に至ることもあるので要注意です。

「粘るのは苦手《にがて》なタイプなのだから、短い時間をタイマーでセットして、その時間だけは絶対集中しよう」など、工夫の仕方を一緒に考えてあげるとよいでしょう。

その後の人生に向けての「傾向と対策」が見えてくると思います。

強く生きていくための傾向と対策

「断れない人」をやめたいときは

本当は予定が入っているのに、友人や同僚から雑用を頼まれると、つい引き受けてしまう。心の中では「いやだな」と思っても、それを言葉に出せず、結局、一人だけストレスをためこむことになる……。

そうした「断れない人」は多いと思います。もちろん、相手に悪いという気持ちもあれば、自分が悪く思われたくないという気持ちもあるでしょう。しかし、断らずに抱えこんでいくと、自分だけが負担を抱えこんで、うつ病などに至る可能性もあります。

最近では「毅然《きぜん》とノーが言えることが有能な証《あかし》」などともいわれていて、断れない自分はますます情けなく感じられるかもしれません。

しかし、断るのがむずかしいというのは当たり前のことです。何かを頼みたい人にとって、断られるのは決して愉快な体験ではないからです。

それでも、「自分が否定された」と受けとるか、「まあ、そういう事情なら仕方がない」と受けとるかによって、感じ方はかなり違います。「上手な断り方」とは、後者につながる方法です。

何よりも大切なのは「自分の健康を守ること」です。人間には生物としての限界がありますので、それを無視した無理を続けていると、どこかで破綻《はたん》を来《きた》してしまいます。そうなると、他人に親切にする余裕もなくなってしまいますね。

まずは、「自分は現状で手いっぱい」「自分はできない」という現実を認めましょう。できないと判断したら、相手に対して「断る」「ノーを言う」という姿勢ではなく、「やりたいのですが、自分の仕事がどうしても間に合っていなくて、お役に立てず本当にすみません」というように、自分側の力が足りなくて応じられないということを伝えればよいと思います。

「相手側の要求が不適切だから断る」のではなく、「自分側の都合が悪いからできない」と明確に伝え、困っている相手への気づかいを「ごめんなさい」という形で表現すれば十分だと思います。

「できない」と判断したら自分の力不足を伝える

意地を張って謝れない関係になってしまったときは

自分が悪かったと思っても、それを上手に口にできない。意地を張ってばかりで「ごめん」というひとことが言えない。夫婦間などによくあることです。

夫婦のように身近な関係性だと、「わかってくれて当たり前」「愛があればわかろうと努力するはず」とどうしても思いがちになります。

ですから、相手が思ったように動いてくれないと、自分がないがしろにされたような感じがしてしまうこともあります。あるいは、とくに男性側に多いのですが、「自分はこんなに頑張っているのに責められている」と過剰に感じやすく、それが謝罪をむずかしくしてしまうこともあります。

一般に、女性は人の顔色を読むのが得意です（女性全員ではありません）。自分が人の顔色を読みながら、気を利《き》かせていろいろやっているので、同じことを男性にも要求してしまうのです。

ところが男性は、女性に比べると顔色を読むのが苦手な人が多いです（これまた、全員ではありません）。言葉ではっきりと「○○をやって」と言われないとわからない、という人は多いのです（国際学会で聞いたところ、外国の男性も同様とのことです）。

このずれが、多くの夫婦喧嘩のもとに見られます。女性は「自分を愛しているのなら、もっと顔色を読んで」と思う。男性は、女性のために頑張っているのにその努力を認めてもらえず、責めるようなことばかり言われる。これでは喧嘩になってしまっても当たり前です。どちらも悪気がないだけに、とても残念なことだと思います。

現在、問題を抱えていると思う方は、女性であれば男性に「私、今日疲れているから食器を片づけてくれる？」「あなたのつくった○○が食べたいからお願い」と、具体的にやってもらいたいことをお願いし、事後にはきちんと「さすがあなた」「助かったわ」とほめましょう。

これだけでも夫婦関係はとても円滑《えんかつ》になり、どちらかが謝《あやま》らなければならない状況に陥《おちい》らないのではと思います。

男女、夫婦の場合の喧嘩にならない言い方

何をやっても続かないときは

「今年こそ禁煙を」「夏までに五キロやせるぞ」など、目標を立てても何一つ達成できないで終わり、実践できない自分がいやになってしまう人もいるようです。意志が弱いのか、飽《あ》き性なのか、目標設定の仕方が悪いのか。

96ページでもお話ししたように、粘り強さなどの「継続力」は、実は、先天的な性格として分類されるものの一つです。これは、「よい・悪い」の話ではありません。

継続力として見れば「よい特質」ですが、柔軟性に欠けしつこくなりすぎる、という欠点にもつながりかねません。自分のタイプを理解して、うまく使いこなしていく必要があります。

さて、なかなか継続できない人については、私は「自己否定」がキーワードだと思います。目標を立てた。でも、人間、そうそううまくいくものではありません。そんなときに、「自分はどうせダメなんだ」と思ってしまうと投げやりになり、本来可能なはずだった進歩もできなくなってしまうのです。

達成感を持てる易しい目標設定をする

「目標に向けて頑張ろう」と思うためには、自己肯定が必要だからです。

目標設定が高すぎる、ということももちろんあるでしょう。人間はあくまでも遺伝情報を持った生物ですから、できること・できないことがあります。それを無視して目標を立てても、うまくいかないに決まっていますし、そこに「自分はダメだ」「自分は弱い」などという意味づけをしてしまうと、ますます実現は遠のいてしまうでしょう。

いちばん大切なのは、「自分はダメだ」と思うのをやめること。「自分なりに頑張っている。でも今日はうまくいかなかった。それには事情もあったから、仕方ない。リセットして、明日からまた頑張ろう」がいちばんいいのです。

また、こつこつ続けるには、「できるに決まっている目標」よりも易《やさ》しい目標を立てること。そして、それが達成できても、そこまでにしておくことです。そうすると、「今日はちゃんと目標に達した」という達成感から、心の中に余裕が蓄積され、次へのモチベーションにつながるでしょう。

「察しが悪い」「空気を読めない」と言われたときは

現代社会では、「空気を読む」ことが重要だと思われています。本人は一生懸命努力しているのに、「あなたは察しが悪い」と周囲から指摘され、思い悩む人もいるようです。

「察しがいいかどうか」というのは、実はかなりの程度、先天的に決まっているものです。「発達障害」という言葉を聞いたことがあるでしょうか。発達障害の中でも、とくに「自閉症圏の発達障害（ＡＳＤ）」の人たちは、空気を読むことがとても苦手です。「人はこういう状況ではこう思うだろう」とか、「建前《たてまえ》ではこう言っているけれども本音《ほんね》は違う」とか、そういう心の機微《きび》を読むことが苦手なのです。

発達障害というのは、社会生活に支障を来すほどの状態をいいますが、それほどではなくても同様の傾向を持った人たちは「非定型発達」と分類されます。

「非定型発達」でなければ（いわゆる「定型発達」）。人の心を読んだり、建前と本音の区別を当たり前に了解したりする人たち）、人生経験の中で「読む力」を身につけていきます。いろいろな失敗体験の中で、応用力を身につけていくのです。

しかし、ある程度の年齢になっても「空気が読めない」「冗談が通じない」と言われるのであれば、自分が「非定型発達」である可能性も考えたほうがいいでしょう。

その場合の目標は、「察しがいい人」になることではありません。自分は「察することができない」と認めて、助けを求めることです。

空気が読めずに場違いなことを言ってしまう場合に止めてくれる友人、建前と本音の区別を教えてくれる友人をつくれれば、何よりでしょう。もちろん、家族からも助けてもらえると思います。

苦手なことは、得意な人に助けてもらう。それが何よりだと思います。

もちろん、「私は空気が読めない性質《たち》なので」と率直に伝えて、相手の意向を聴くことも有効です。悪気がないということさえ伝われば、人間関係は好転するものです。

悪気がないことを伝えるのが大事

友人のＳＮＳの愚痴に困惑するようなときは

ＳＮＳ（ソーシャル・ネットワーキング・サービス）の利用が広がっています。社会問題への持論を語る人、日記感覚で日常のささいな出来事を記《しる》す人と、使い方はさまざまですね。こちらが困惑するほど強い言葉で愚痴《ぐち》をこぼしたり、他人の悪口を書きこんでいたりする友人がいるという方から、放っておくべきか、やめるよう忠告すべきかという相談がありました。

ＳＮＳについては実際むずかしいです。まず、ＳＮＳの特徴として、「突然ビジュアルに飛びこんでくる」ということがあります。これは、心の準備ができていないところに、視覚的に飛びこんでくる、ということで、衝撃度が最大になります。ですから、ショックが、実際以上に大きく感じられるのです。

一般に、強い言葉で愚痴を言ったり、他人の悪口を書きこんだりする人は、「決めつけ体質」の人。「○○はこうあるべきだ」という考えが強い人、ということができます。Ｓ

NSは自分で支配できる空間ですし、少ない文字数で「いかにも」の内容を書くことができますから、自分の「べき」を吐きだして、「言ってやった」みたいな気持ちになっているのかもしれません。そういう人に忠告すると、こちらが攻撃対象になりかねません。

リアルな社会でよほど親しいのであれば、「書かれた本人が見たらどうなるだろう、と心配」などと、本人に直接心配を伝えることができるでしょう。

中には、「本人が見るかも」という可能性をまったく想定していない人もいるので、忠告だけで収まる場合もあると思います。

そういう関係でなければ、放っておくのがよいと思います。自分の悪口を見てしまった人は、もちろん気分が悪いでしょうが、それは、「陰口」を知ってしまって不快になるのと同じこと。仕方のないことです。

「陰口はやめよう」と言うと反感を持たれるのと同じように、SNS上のことに意見すると、攻撃の対象が自分に向けられかねないので注意が必要です。書かれた本人に同情するのであれば、「あれはひどかったね」とやさしくしてあげることくらいでしょう。

決めつけ体質の人には放っておくのも一案

家族がニートの問題を抱えているときは

進学も仕事もしない人を示す「ニート」という言葉が社会に定着して久しいですが、最近はニートの高齢化も課題の一つです。三〇代になっても定職に就《つ》かないとなると、実家で一緒に暮らす親としては悩みが尽きないはず。

親は子どものいちばんの味方でありたいもの。しかし、気になるのは、「子どもの味方をする」ということと、「問題を自分たちだけで抱えこむ」ことの混同です。

ある人がニートに至るまでにはそれぞれ複雑な事情があります。生まれ持った性質やいままで経験してきたこと、実にさまざまな要因の結果としてニートの状態になります。

それら「複雑な事情」には、それぞれ専門家の支援が必要なものが多いはずです。医療的な支援が必要なのか。計画的な就労支援が必要なのか。障害者向けの労働政策を活用したほうがよいのか。これらの判断を、ただ「親」である人たちが適切にできるとは思えません。

また、親の場合、どうしても罪悪感《ざいあくかん》と無縁《むえん》ではいられないでしょう。

「自分が子育てに失敗した」という罪悪感で曇ってしまった目では、適切な判断はむずかしくなるものです。

大切なのは、第三者の介入です。家庭の恥部《ちぶ》を見せるようで抵抗があると思いますが、タイムリミットを思えば、ここは思い切りどきでしょう。

専門家に問題をオープンにして、助けてくれる人や制度を何でも使い、子どもが社会とどう折りあっていくかを見つけていく必要があります。

その際の親の役割は、子どもと社会を信頼することでしょう。親が不安をぶつけても、何もよいことはありません。親に心配をかけていることくらい、子どもはよくわかっています。

ですから、現状を改善するためには、第三者（専門家）を巻きこむこと。そして、むずかしい話は第三者にまかせて、親は基本的な信頼の上に穏《おだ》やかに関わるのがよいと思います。ニートの問題を家庭内だけで解決するのは不可能だ、と思い切る勇気が必要でしょう。

現状を改善するには第三者（専門家）を巻きこむ

怖い女性社員に萎縮してしまうときは

パートで働いている四〇代の主婦の方からご相談をいただきました。職場に皆から怖がられている女性社員がいて、些細《ささい》なことですぐに腹を立てるとのこと。ふだんは「〇〇さん」と名前で呼ぶのに、ミスがあると「パートさん」と言われ、仕事でわからないことがあっても聞きにくく、思い切って質問すると「なんでもっと早く聞かないの」と怒られる始末。おまけに自分より年下。耐えられなければ、パートの自分が辞《や》めるしかないのか、という悩みです。

お話からは、その女性社員も、仕事がうまく回っていないのだろうなと思います。自分にとってうまく回らない部分を「パートさん」の責任にしたくなるのでしょう。

変な責任転嫁は、往々にして本人の問題です。自分のミスを認める勇気がないので、自分よりも立場が下の人（パート労働者）にそれを転嫁するのです。

年下ということからも、社会経験の不足から、相手のモチベーションを高めたりすることによってうまく立ちまわることができないのかな、と想像できます。立場は「正社員」

であっても、それに見合う人間力を期待できるとは限らないですからね。

今の職場で仕事を続けることのプラスを感じるのであれば、働きやすい職場にする工夫を考えてみましょう。そもそも、その正社員はなぜすぐに腹を立てるのか。なぜ「パートさん」という人格無視的な言葉を使うのか。「なんでもっと早く聞かないの」と、生産的でないコメントをしてくるのか（しかも怒る）。これらを総合して考えると、その正社員には、まったく余裕がないことがわかります。

年上のパートをうまく使いこなせないので、自分の「ダメさ」を相手にぶつけているのでしょう。もちろん正社員として有能に働いていくためには、パートの使い方もうまくならなければいけないのですから、彼女が相当焦《あせ》っているのも理解可能です。

まずは「基本的には正社員としての彼女の能力の問題」というところで割り切ってみましょう。そうすると、彼女の怒りも責任転嫁も、すべてが「自分が正社員として、パートをうまく使いこなせていないことへの焦り」として理解できると思います。もちろんパートが辞める必要はありません（本人が、本当に辞めるべき大失敗をしているのでなければ）。

彼女の基本的な姿勢を、「正社員として、パートをうまく使いこなせていないことへの焦り」として理解することに置けば、自己防衛に入らずに、「どうすれば職場が気持ちよく回るか」を考えることができると思います。

怖い社員が相手という場合、よく見られるのは、会話やコミュニケーションの不足です。「こんなことを聞いたら怒られるのでは……」というような気持ちから、必要なコミュニケーションも取られていないのです。

それが結果として「ずれ」を生んで、さらに社員を怒らせることになるのであれば、効果的なコミュニケーションを図ったほうがよいということになります（「なんでもっと早く聞かないの」というところからは、そんな雰囲気も感じます）。

わからないことはすぐに尋《たず》ねる。正社員も、問題を感じたらすぐに確認する。そういうやりとりが普通になれば、かなりの問題が解決すると思います。怖い相手とコミュニケーションするのは怖いですから、メールなど、できるだけ怖くない手段を使うのもよいでしょう。

それすらできないのであれば、正社員のコミュニケーション能力の問題なのかもしれません。もう一段階上の上司に相談してみてもよいでしょう。正社員だからといって、パートよりもコミュニケーション能力が勝《まさ》っているとは言えないからです。

自己防衛に入らずにわからないことはすぐに尋ねる

6

無力感が生まれたときの気持ちの整理法

自信をなくしたときは

「自信がない」という思いは、自分の力を実際以上に弱く感じさせ、人生の可能性を狭《せば》めていきます。まるで人間としての自分の価値が低いように感じられるのです。

ですから、「自信さえあれば」と思っている人は多いと思います。

しかし、自信の根拠を「自分は○○ができる」「自分は××を持っている」というようなところに求めてしまうと、自分が抱えているさまざまな事情や周囲の状況に振りまわされてしまい、とても「どんな環境でも自信を持てる」とは言えないでしょう。

では、どうすれば、自信を持って生きていけるのでしょうか。

自分のことを「あれも足りない」「これも足りない」という目で見る限り、自信を感じることなどできません。

もちろん、これから進歩が必要な領域はいろいろあるでしょう。でも、現状は現状。自分が持って生まれたもの、これまで体験してきたこと、現在の社会情勢やまわりの環境など、さまざまな事情の総合的な結果が現状です。

それらさまざまな限界の中でベストを尽くしてきた結果が現状なのですから、「今はこれでよい」と思うことが自信の第一歩です。

「あのときもっと頑張っておけば……」と後から考えるのは簡単ですが、そのときの自分にはそれ以上できなかった、というのも一つの「事情」なのです。

「今はこれでよい」と思えたら、あとは自分の「あり方」を意識してみましょう。自分の「あり方」によい感じを抱ければ、それが自信として感じられます。

たとえば、「ものごとには誠実に向きあう」などというものでもよいでしょう。

状況によってはうまくいかないときもあるかもしれません。

でもふたたび、「誠実に向きあおう」と思い直せる自分によい感じが持てれば、自信は戻ってきます。

「今はこれでよい」と思うことが自信につながる

子どもに我慢させるときは

「あれがほしい」「これがしたい」……人の欲求は数えれば切りがありません。子育て世代にとって、子どもからせがまれたときにどうやって我慢させるか、悩むこともあるのではないでしょうか。

「あれがほしい」「これがしたい」に対して、単に無視したり叱責《しっせき》したりするのはよくないですね。

なぜできないのかをわからせていくのも、親が子どもに伝えられる知恵です。

一方、「それで泣きやむのなら」と、わがままを受け入れてしまう人も多いでしょう。人目のあるところで大泣きされると、「どんな親だと思われるだろう」と不安になってしまうこともあります。「虐待《ぎゃくたい》?」と思われるのも不名誉なことですね。

このテーマの基本的な考え方は、「人間には確かにほしいものがある。何かをほしがるのは悪いことではない。でも、経済力や地球環境など全体のバランスを考えたときに、我慢しなければならないものもある。あるいは、『これさえ持てれば（できれば）幸せになるはず』という考えの多くが偽物《にせもの》であって、またしばらくたつと『これさえ……』の同じサイクルに入ることが多いので要吟味《ぎんみ》というものです。

多くの人が、大人になり成長していく中で、身につけていく姿勢だといえるでしょう。

ここで「買って」「ダメ」の綱引きをしてもほとんど意味がありませんし、子どもはますます逆上してしまうでしょう。「我慢しなさい！」を問答無用に押しつけるのではなく、なぜこれは手に入らないのか、という理屈を説明したら、あとは「ほしいものが手に入らない」という喪失体験として温《あたた》かく扱ってあげることです。

誰にとっても楽しみにしていた可能性を失うのはつらいもの。「本当にほしかったんだね。残念だね。買ってあげられればと思うよ」「やりたいことが今できなくて悲しいね。本当にかわいそう」などと子どもの側に立って一緒に喪失を嘆くというのも有効な手段です。

感情の処理は大切。我慢を抱えこまない人に成長する可能性が増すでしょう。

なぜダメかをわからせるのは親から子に伝える知恵

男女の間にすれ違いが起きるときは

夫婦が離婚したり、交際していた男女が別れたりするとき、その理由の一つに「すれ違いが多かった」という言葉が聞かれます。

実に不思議なことなのですが、現在の日本人にとって、職場の人と一緒に過ごす時間のほうが家族と過ごす時間よりも長くなっています。また、人間的成長も職場においてのほうが多く見られることもめずらしくありません。

つまり、「家族だから」と甘えられる時代は終わっており、家族を意識的に大切にしていかなければならない時代に入っているのだと思います。

多くの男性が、仕事をして家族を経済的に支えていることを「家族を大切にしている」と考えています。しかし、妻としては、やはり自分の存在を認めてくれて、いたわってほしいものですし、育児についても一緒に参加する姿勢を見せてほしいのです。そんな「ずれ」が積み重なると、「この人にはこんなことを期待しても仕方がない」という諦《あきら》めに至ってしまいます。

事態を改善するためには、週に一度でも夫婦の話しあいの時間を持つこと（子どもが寝た後がよいと思います）。その際、「あなたはね」と相手を非難する言葉から入るのではなく、「私は、こういうことで困っているの」と「私」を主語にして話すことはとても有効だと思います。

「自分は頑張っている」という意識の強い男性は、責められることがとても苦手《にがて》です。しかし、責められているのではなく「助けて」と頼られるのなら、頑張れるものです。

一方、女性は、「ただ話を聴《き》いてほしい」と思っていることが多いです。男性はすぐに問題解決に走りたがりますが、女性はただ気持ちを聴いてほしいのだということを忘れないようにしてください。

また、男性は、愛する人のためにはかなり頑張ることができます。

何を頑張ってほしいのか、女性は顔色を読ませるのではなく具体的に伝えてあげましょう。

「ただ話を聴いてほしい」女性は多い

炎上やヘイトスピーチにさらされたときは

ヘイトスピーチ（憎悪表現《ぞうお》）と呼ばれる外国人排除・差別デモが社会問題になりました。SNSでも、うっかりした発言をすれば、たちまち「炎上」してしまう世の中です。

およそ常識的な人間関係の中では起こり得ない極端な攻撃は、実は心の傷、そしてそのことによる被害者意識に由来するものだといえます。

心に傷がある人は、「もう二度と傷つきたくない」というモードに入っています。ですからいつもピリピリしていて、少しでもそれを予感させるものがあると、極端に攻撃的になるのです。

これは「相手をやっつける」というよりも、単に「脅威《きょうい》を排除する」ということなので、大切なのは勢いです。内容自体は支離滅裂だったり妄想的《もうそうてき》だったりしますし、通常のその人の言動とはまったく違ったものであることが多いです。

また、心に傷を負っていると、自分に自信が持てないため、「仮想敵」をつくり自分が上位でいることによってしか自分を保てない、という側面もあります。団結したがるのもその一つの例です。

「およそ常識的な人間関係の中では起こり得ない」と書きましたが、それは本当のことです。常識的な人間関係の中には、「つながり」があります。人間として共有できる体験があったり、共感できる感情があったりするのです。

「ヘイトスピーチ」や「炎上」がリアルな人間関係の中で起こらないのは、「つながり」があるところでは不可能だからだといえます。

ですから、寛容な社会にしていくための基本は、世の中にはいろいろな人がいると知っていくこと。違和感を覚える行為の裏には何らかの事情があるのだ、と認識するようにしていくと、激しい攻撃を他人に加える人を見ても、「この人は相当の傷を心に負っているのだな。気の毒に」というやさしいまなざしを育てていくことができるでしょう。

言い返すと相手にますます反撃のエネルギーを与えてしまうので逆効果です。

心の傷に由来するものと知る

災害に襲われたときは

原発事故で避難生活が長期化している人をはじめ、被災者のケアは災害が多発する昨今の大きな課題です。

どんな人でも、予期していない衝撃にさらされると心のバランスが崩《くず》れます。災害は、その代表的な一つでしょう。

私たちの日常生活は、「まあ、何とかなる」という感覚によって成り立っています。意識はしていなくても、その感覚がなければ、飛行機など乗り物にも乗れないでしょうし、事実上、人生を歩むことはできないでしょう。

衝撃を受けると、この「まあ、何とかなる」という感覚が失われます。常に恐怖におびえたり、ピリピリとした警戒状態になったり、絶望したりします。

衝撃後のストレス状態がＰＴＳＤ（心的外傷後ストレス障害）やうつ病などに移行するかどうかは、どれだけ人に支えてもらっているか、また、現在の生活上のストレスがどの程度か、ということによって左右されます。

一般には、受けた衝撃が強いほどストレス性の病気になりやすいのだろうと思われがちですが、データを見ると、より重要なのは、まわりの人からの支えと、現在の生活上のストレスを減じることだと示されています。

自分が経験したこともない被害に遭《あ》った人に対して、人は罪悪感《ざいあくかん》を抱きがちなもの。「そんな目に遭っていない自分に、支える資格などない」「そんな目に遭っていなくて、申しわけない」などと思ってしまいます。しかし、それこそ被災者に背を向ける姿勢だといえます。自分はさておき、被災者のありのままを受け入れてあげてください。

頼りになるのは、日常生活。避難所であっても、できるだけ、「いままでやってきたこと」を再現できるように、工夫してあげましょう。

無力を感じている人たちには、支援物資についても「好きな色を選んで」と言ってあげるだけでも効果的です。

「いままでやってきたこと」を再現できるようにする

性的マイノリティーと接するときは

自分の親しい友人・知人、家族が性的マイノリティーと知ったとき、戸惑うこともあると思います。そんなとき、どう接すればよいのでしょうか。

私はアメリカに住んでいたとき、性的マイノリティーの人たちとかなり親しく関わっていました。同性愛の女性カップルがアジアからの養子をもらって、とても質の高い子育てをしていたり、同性愛男性の知人が「日本に出張に行ったとき、女性が差別されているのを見たよ。僕たちも差別されているから気持ちはよくわかるよ」と温かく言ってくれたりと、よい思い出のほうがずっと多いです。

同性愛は生まれながらに備わった特徴です。そういう人たちにとって無理やり異性と結婚させられるのは、まさに人権侵害とでもいうもの。

反対に、異性を愛するように生まれた人が、同性婚をさせられたら苦しいでしょう（私は絶対いやです）。

つまり、苦しさはどちらにとっても同じなのです。

とくに、マイノリティー（少数者）となると、世間の理解も乏《とぼ》しいため、傷つくことも多いと思います。

法律の改正など、社会の理解は科学的知見に基づいて少しずつ進んでいます。でも本当に安心して、「自分も生きていってよいのだ」と思えるためには、できるだけ身近な人の理解が必要です。もしも異性愛者である自分が無理やり同性婚をさせられたら？　などと想像すると、マイノリティーの人たちに対してかなりやさしい目を持つことができると思います。

いずれにしても、大切なのは、パートナー同士が愛しあっていること。出生時の性別がどうであろうと、その人にとって最も大切な相手を見つけることができ、社会に受け入れられ、また貢献しながら生きていくことができれば、それ以上のことはないのではないでしょうか。

社会側に偏見があると、そんな「貢献」すら不可能になるように思います。

想像力を働かせればやさしい目を持てる

英才教育がうまくいかないときは

中学三年のプロ棋士、藤井聡太《ふじいそうた》四段が脚光を浴びました。先輩棋士《きし》を相手に連勝街道を走り、「天才」とも呼ばれました。

「どうしたら藤井君のような子に育つのか」と、思いめぐらせた親は少なくないのではないでしょうか。

私は、精神科医という立場上、英才教育を受けてきたけれども現実の壁にぶつかって進路変更をせざるを得なくなり、心の病《やまい》になった若い人たちを多く診《み》ています。

能力に恵まれた子どもが、その分野に興味を持ち、どんどん能力を伸ばして、いわゆる「天才」と呼ばれるようになるのはすばらしいことだと思います。しかし、そういう人たちを細かく見ると、生来の才能はもちろん、本人の興味や前向きな姿勢、家庭環境など、いろいろな要因があるものです。

ある家で、自分の子どもを「英才教育しよう！」と親が決めても、今述べたように、その子の先天的な能力、好奇心や気力、家庭環境など、いろいろなことがマッチしていなければ、望む結果は得られないでしょう。

子どもは「どうしてほかの子みたいに遊べないのだろう?」と(無意識であっても)不満を持っていることも多いものですし、逆に、「頑張らなければ親に見捨てられる」という恐怖を抱えている子どもも多いものです。

みんなが「天才」として生きていけない現実から考えれば、「どんなときも、当事者である子どもを中心に」ということはお願いしたいと思います。

子どもが何かに秀でている。そのことに興味を持ち、あるいは師と呼べる人からモチベーションを高められ、熱心に取り組む。そんな時期は人生にあってよいし、うまく花開いてもよいと思うのです。そのために親が協力するのもよいと思います。

でも、子どもが現実の壁にぶつかったときには、ぜひ、「人生いろいろだよね」と、「普通の青春」を送らせてあげてください。何かに一生懸命取り組んだ過去は、決して無駄にはなりません。

「普通の青春」を送らせる

「〇〇ロス」に対処するときは

「ペットロス」など、大切なものを失った喪失感に悩まされる「〇〇ロス」という言葉を耳にすることが多くなりました。

ドラマの終了やテレビゲームをクリアしたことなどで無気力になってしまう人がいます。そのような、「ロス」になりやすい友人にどう接したらいいかというご相談をいただきました。

「ロス」という現象は、自分が大切にしていたものの喪失にともなって起こる現象です。何かへの愛着（心の結びつき）が強い人ほど、「ロス」を感じるのだと思います。

もちろん、大人として現実的に考えれば、終わってしまったものはそこまで、ですから、いつまでも「ロス」にとらわれる人はみっともない気もするでしょう。

愛着の強弱、またそれが向けられる対象は、本当に人それぞれです。ドラマやテレビゲームなどに心を乱されるのは大人としてみっともないという評価を下す前に、「こういう

自分の価値観にとらわれず、共感を持って接する

ものとのつながりが大切な人だったんだな」という目で見てあげたらどうでしょうか。

ドラマやテレビゲームなどは、あまり関心のない人にとっては実に「くだらないもの」だと思いますが、それを生きがいにしている人にとってはとても重要なものなのです。違和感はあるとしても、「ああ、それほど大切だったんだな」と思ってあげることができれば、見える世界が違ってくるでしょう。

人間は生き物ですから、自分の存在を脅《おびや》かすものには抵抗したり防御したりするもの。「リアルでないことなんだから、気にしても意味がない」というようなことを言うと、相手を頑《かたく》なにさせてしまったり、「何もわかっていない」などと反撃される可能性があります。

気落ちしている人に対しては、「そんなに大切だったんだ」と共感的な姿勢で接して、否定しないことが、相手との関係性を守ると同時に相手の癒《い》やしにもつながります。多くが、自分ほどリアル社会で恵まれていない、というケースだともいえます。むしろ「気の毒だな」という気持ちを持つのがよいと思います。

既婚と未婚の壁を感じるときは

三〇代半ばで独身の会社勤めの女性から、自分は公私ともに充実しているのだけれど、次々と結婚・出産していく親友たちとの会話に疲れるようになったので、今は「距離を置く時期」と思ったほうがよいかと問われました。

友人関係は、共有できるものや、関心を持っていることなどによって、おのずとその性質が変わってきます。それぞれが別の人生を歩んでいるわけですから、ある時期にとても親しく感じた人たちが、別の時期にはとても遠く感じられることがあってもまったくおかしくありません。

とくに三〇代などは、職場においても、家庭・子育てにおいても、最も忙しい時期です。ライフスタイルによって住む世界がまったく違ってくるでしょう。家庭や子ども中心の人たちは、そういう話ばかりをしたがるもの。公私ともに充実した独身女性とは、関心領域がまったく異なることも不思議ではありません。

そういう時期には、いくら過去に親しかったからといって、親しさを感じなくなるのも当然のことです。関心を持てない話を聞かされ、合わせているると疲れますよね。

ですから、今は「距離を置く時期」と思うのは正解だと思います。もっと年を取れば「加齢」「老後」など、また共通のテーマも出てくるので、ふたたび距離が近くなるかもしれません。あるいは、昔からの友だちにとらわれることなく、年を取った分、知りあう人の数も増えますから、いろいろな友だちができてくるでしょう。

もちろん、関係性が長ければそれだけ信頼感が増すということもありますが、大人になればなるほど、短い関係でも「この人は信頼できる」という目が養われてくるという側面もあります。

考えてみれば、気が合わなくなった友人と距離ができる、というのはとても自然な現象です。これは、相手を否定するということとも異なります。それぞれの生き方が違えば、そこでつくられてくる価値観も異なってくるわけですから、ただ「価値観が違う」というだけの話です。

この現象を、「親友との関係を良好に維持しなければ」という目で見てしまうと、悲しい話のように思えると思います。でも、その時々の自分に合った相手と関われるのも、血縁などに縛《しば》られない友人関係のよいところです。もちろん相手に失礼があってはいけませんが、それは自分が誠実にいるためのことであって、関係の維持に汲々《きゅうきゅう》とするためではありません。

もちろん、ライフスタイルが違う相手であっても、「私たち、生活が全然違うから、話が合わないよねー」などと率直に語りあえる関係性であれば、それを楽しむこともできると思います。自分と相手の性質に合わせて、親しくできるのならする、そうでなければ距離を置く、ということでよいでしょう。

昔からの友人のよいところは、「思い出を共有できる」というところにもあります。今の価値観で語りあうのは負担でも、時には昔の話を懐《なつ》かしみたい、というときにはいつでも話せると思います。そのためには常に友情をキープしておかなければ、という重圧を感じる必要もないでしょう。

たとえば「年賀状だけはやりとりする関係」くらいの距離であっても、「久しぶりに会って話をしない？」という声をかければ、十分昔話は可能になると思いますし、昔の仲よしグループで会ってみるのもおもしろいと思います。

「距離を置いたほうがよい時期」もある

7

心の傷が痛いときの気持ちの整理法

大切な人を失ったときは

私たちは、事故や病気で最愛の肉親や恋人、友人などを突然失うことがあります。大切な人を失ったとき、私たち人間は「悲しみのプロセス」を踏む必要があります。これはどんな場合にも必要なもので、しばらくの間、悲しみの中、内向きになって自分をいたわりながら、喪失という事実に適応していく時期です。

この「悲しみのプロセス」を経ないと、いつまでも、亡くなった人が生きているかのような気持ちのままになってしまいます。結果として、現在の生活が空洞化してしまうことにもなりかねません。

「大切な人が亡くなってしまった！」ということはとてもショックなことです。それが突然であればあるほど、その衝撃度は大きいものです。

すると私たちは、「なぜ亡くなってしまったのだろう」「なぜ死を防げなかったのだろう」ということばかりに目がいってしまい、「悲しみのプロセス」を進みにくくなってしまうのです。

一般に、本当に衝撃的な形で大切な人を失ったというような場合には、専門家の支援が必要である場合が多いです。そんなときの感じ方をよく知っている人のほうが、安全に話を聴《き》けるからです。

ただ、まわりの人ももちろん重要な支え手です。プロでない人が死そのものについて語るのはむずかしいと思いますから、亡くなった方の生前の思い出についていろいろと話してみるとよいでしょう。

亡くなった方は、ただの「突然亡くなった不幸な人」ではなく、それまでは充実した人生を生きていた貴重な存在です。

私たちにいろいろと大切なものを遺《のこ》してくれています。

「死」という一点から、だんだんと視野を広げていけると、死を受け入れ、亡くなった方を身近に感じながら、徐々に現在の生活にも前向きになっていけるものです。

「悲しみのプロセス」を踏む必要がある

失恋をしたときは

失恋することを「ふられた」と言いますが、失恋したときには、自分という存在が相手から拒絶された、というふうに感じられることが多いものです。

しかし、それは正確なとらえ方ではありませんし、自信喪失にもつながってしまいます。

では正確には失恋とは何かというと、「自分と相手は相性が合わなかった」ということ。

そして、恋愛で目指していくのは、自分と相性の合う相手、つまり、お互いに「好き」と感じられる人を見つけていくことです。

もちろんその「好き」は最初からしっかりしたものでなくてもかまいません。お互いをよく知りあっていく中で、「好き」が育っていくことも多いものです。

ですから、一定期間、好きだと思う相手に自分を知ってもらう努力をするのは意味のあることでしょう。

それでも相性が合わなければどうしようもありません。

お互いに「好き」と思いあえる相手に巡《めぐ》りあうためには、失恋を何度でも乗り越えるくらいの覚悟が必要です。

失恋とは自分が拒絶される体験ではなく、「合わなかったことの確認」なのです。

そのような前向きな視点を持たなければ、失恋するたびに「自分には魅力がないのではないか」と自信を失ってしまい、恋愛に臆病《おくびょう》になってしまいかねません。

とはいっても、失恋が悲しい「喪失体験」であるのは事実です。先に進むためには、悲しみにきちんと向きあうのがいちばんです。

強がったり、相手を恨《うら》んだりすると、いつまでも過去にしがみつくことになってしまいます。

できれば悲しみを人に聴いてもらうとよいでしょう。

友だちなどに失恋話を聴いてもらい、慰《なぐさ》めてもらえば、だんだんと次の恋に向けて進む勇気と希望が出てくるはずです。

拒絶されたのではなく相性が合わなかっただけ

切ない別れが訪れたときは

別れは、相手が親しいほど寂しいものです。また、寂しさを感じることによって、「ああ、大切な存在だったんだなあ」と気づいたりしますね。

同時に、別れは新しい人生の始まりでもあります。新しい人たちと出会い、新しい世界へと入っていくのです。

こんなとき、どうしても目がいきがちなのが「早く新しい生活になじまなければ」ということ。

大切な人やものと別れて傷ついている自分の心に蓋《ふた》をして、あるいは鞭《むち》を打って「前へ、前へ」と進んでいこうとしてしまうのです。

「別れの季節」には、十分に悲しんだり、憤《いきどお》りなどの感情をいろいろと感じたりしながら自分にやさしくすることが大切です。

今後については不安がいっぱいなはず。なにしろ未知の世界なのですから「安全が確保されていないこと」を知らせる不安という感情が大いに発揮されるのは当然です。

別れることになった人たちとのつながりは、二通りあります。

こちらの努力で関係を維持できるのであれば、新たな生活になじむまで、メールや電話でサポートしてもらってもよいでしょう。

それがどうしても現実的ではない、片思いだった人などの場合は、「別れ」に立ち向かわなければなりません（もちろん「ダメ元」で最後に告白する選択肢もありです！）。

たくさん泣きましょう。内向きになって、「過去との別れ」を十分に悲しんでいくと、心はだんだんと変化を受け入れていきます。

これは、大切な人を亡くしたときの心の変化に似ています。

十分泣いて、心の準備ができれば、新しい環境の人たち・新しい生活に適応していくことができると思います。これは、きちんと別れて「今」に心を戻した結果といえます。

たくさん泣きましょう

挫折から立ち直りたいときは

人間にはそれぞれ、生まれ持った能力があります。もちろん努力は能力を向上させることが多いです。しかし、生まれつき能力に恵まれた人にはどれほど努力してもかなわない、という現実もあるでしょう。

そんなとき、「あんなに頑張ったのにダメだった」というところばかりに目を向けてしまうと、立ち直れないほど道をそれてしまう人もいます。もう何も努力したくなくなってしまうのです。

これが、「成果」を中心とした生き方の一つの限界です。

誰もが思い通りの成果を挙げられるわけではありません。もちろんしばらくの間「何もしたくない」という気持ちになるのはある程度当然のことでしょうが、そこから人はだんだんと立ち直っていきます。

どのようにすれば立ち直れるかというと、まずは当たり前の日常を過ごすこと。

とくに目標を持つ必要もありません。悔《くや》しさを乗り越えようと無理をする必要もありません。単に日々を暮らすことです。また、仲間とのやりとりや家族からの支えもとても重要です。

すると、挫《ざ》折《せつ》体験ですべてを失ったかに見えた人生に、「これからも続いていく」という感覚が戻ってきます。そして、一つずつ、自分にできることをやっていこうという気持ちになってくるのです。

「負け」から学べることとしては、「人生には、自分にはどうしようもないことがある」という学びでしょう。

その視点を他人にも生かすことができれば、他者を思いやることもできる、とても豊かな人間になれるのではないでしょうか。

大切なのは結果（成果）よりも、「それぞれ、持てる範囲内の能力で頑張っているんだな」という認識。それさえあれば、悔し涙も癒《い》やされてくるはずです。

日々、当たり前の日常を過ごす

仲間意識が崩れたときは

「仲間意識」といえば、学校のクラスやスポーツのチーム、会社の同僚など、さまざまな人間関係の中で芽生えるもの。でも、些細《ささい》なことで関係が崩《くず》れることもあります。

人は基本的に社会的生物ですから、人とのつながりを感じながら生きていくものです。仲間意識とは、まさにそういう性質のものといえます。

もちろんそれは人生を豊かにすることが多いのですが、「仲間はずれ」「いじめ」などの現象にもつながりかねません。

これは、「同調圧力」といわれるものの結果なのですが、仲間の中では「同じであるように」という圧力が働き、「違う」人を排除しようとするのです。

本来、人はそれぞれが違う存在です。持って生まれたものも違えば、経験してきたことも違う。「一人一人に事情があり、それぞれが違う」ということを前提に考えていかないと、困ったことが起こってきてしまいます。

「スポーツで優勝を目指そう！」などというときには、仲間意識は明らかにプラスにつながります。

これは、目標を完全に共有できているからです。そこには人による差異はなく、みんなが「優勝」の方向を向いています。

しかし、世の中、そんな単純なことばかりではありません。仲間であっても、それぞれの事情によっては意見や態度が違ったりして当然なのです。

本当の仲間意識は、「それぞれ事情がある」ということを前提にしたもの。そんな人間同士が、「でも、みんな頑張っているよね」というところでまとまるのが、大人の仲間意識といえるでしょう。

実際にトラブルになってしまったときには、相手に「どうして、こんな行動をとったのか」を聴《き》いてみたり、それが無理でも、「今回は、何か特別な事情があるのだろう」と思うようにすることです。そう思えなければ、大人の仲間とはいえませんね。

事情を尊重しあうのが大人の仲間意識

嫉妬心が芽生えて苦しいときは

人なら誰しも嫉妬《しっと》したことがあるのではないでしょうか。会社の同期の昇進、親友の結婚など、本来は喜ばしいことなのに、なぜか素直に喜べない。心の奥底では、不幸や失敗すら望んでいる場合もある。どうしてこんな気持ちが芽生えるのでしょう。

これは「恋人をとられてしまう！」というタイプの嫉妬ではなく、「他人がうまくいっていること」への嫉妬ですね。

他人の「恵まれたこと」は、何らかの形で強烈に伝わってきます。「昇進」だったり、「高級品を持っている」ことを通してお金持ちであることがあらためて伝わってきたり。

こういうときには、私たちは、「衝撃」を受けます。一般に、「ショック」「びっくり」といわれる類のことです。

「衝撃」を受けると、人は、傷つきます。「自分がちゃんとしていなかったから衝撃を受けたのだ」というモードに入ってしまうからです。相手の成功は相手の成功にとどまらず、「自分を余計にダメに思わせるもの」「自分がダメ人間であることの証拠」と受け止めてしまうのです。

攻撃的になったり、相手の不幸を願ったりするのは、当然の「反撃」だといえます。自分がそれだけの傷を負ったのですから、やり返してやりたい、と思うのは普通の感情でしょう。

まずは、これらの反応のすべてが「衝撃」によるもの、という認識を持ってみましょう。衝撃を受ければ、反撃したくなるのも当然なのです。しかし、「反撃したい」という世界にずっととどまるのは苦しいことです。

私はそれを拙著『「ドロドロした嫉妬」がスーッと消える本』で「心のシャッター」と呼んでいますが、自分を惨《みじ》めな気持ちにするものは、わざわざ見なくてよいのです。とりあえずシャッターを下ろして、気にしないようにする。そして自分の毎日を積み重ねる。たまにシャッターを上げて様子を見て、まだまだだったら、またシャッターを下ろせばよいのです。そうやって、不要な衝撃を避けて生きていくことは、自己肯定感を高めるうえで案外、大切なことです。

「心のシャッター」を下ろす

体罰や暴言で子どもが傷ついたときは

気合を入れるつもりで平手打ちをしたりなど、教師による体罰が問題になります。しかし、暴力は虐待《ぎゃくたい》であり、犯罪です。そして、何といっても人の心に大きな傷を与えます。とくにそれが教育現場という、明らかな力関係がある場での場合、子どもは逃げることもできません。

また、教員という「本来正しいはずの人」から受けた暴力や暴言は、子どもに「自分はダメな人間なのだ」というメッセージを与えることになります。

教育現場というのは、本来は安全であるはずの学びの場所です。そして、どんな子もその子なりに頑張って努力しています。そんなときに突然暴力や暴言を受けると、子どもは大きな傷を負ってしまうのです。

心の傷は、適切に癒《い》やされないと、それからの対人関係に大きな影響を与えていきます。人を「自分に厳しい評価を下してくる人」と見るようになりますので、あらゆる人を「怖い」と感じるようになったりするのです。

自分が人からどういう目で見られているかを過剰に気にするようになり、人の顔色をうかがうようになる、というのもよくあることです。

このような「自分はダメな人間だ」という感覚は、大人になってからもずっと影響していきます。社会そのものが怖くなってしまったり、人との関係においても常に劣等感を抱き、相手の顔色をうかがうようになってしまったりするのです。

自己肯定感も下がってしまいますから、「どうせ自分が何をやってもダメだろう」と思うようになります。

教育の目的は、自分の中にしっかりとした軸《じく》を持てるようにすること。相手の機嫌をうかがうのではなく、自分が設定した目標に向かって努力できる力、失敗しても乗り越える力を身につけさせていくことが重要なのです。

これらの目的を一気に台無しにしてしまうのが、教師による体罰だといえます。

将来に及ぼす影響を知って対処する

「マウンティング女子」に悩まされたときは

「マウンティング女子」という言葉があるように、常に他人を格づけし、自分のほうが上だとアピールする女性がいます。

歴史を振り返り、おおざっぱに言えば、「女」（43ページ参照）は選ばれて自分の価値が決まるもの。伝統的に見た場合、社会的に地位の高い男性に選ばれれば女性も自分の地位が上がる、ということは当然でした。部長に見初《みそ》められれば「部長夫人」。係長に見初められた「係長夫人」よりも社会的な地位が高くなるのです。どれほど「係長夫人」のほうが人望もあり有能であったとしても、です。

また、今はキャリアウーマンが当たり前といっても、有力な男性上司に気に入られれば、出世が保証されることが多いといえるでしょう。「社会的地位の高い女性」とは、つまり、社会的地位の高い男性に気に入られた女性、ということもできるのです（もちろん、本当に実力で高い地位を得た女性もいますが）。その陰には、気に入られなかった（選ばれなかった）女性がいるのです。

「マウンティング」は本来、動物社会の序列を確認する行為です。冒頭に述べたように、「マウンティング女子」とは、常にまわりより自分が上だと優位性をアピールする「女」のこと。「女」は、常に「他の女性と比べて私はどうなの？」ということが気になっている存在ですから、本当は自分に自信がなく、常に他者よりも「上」だと認められなければ不安な存在なのです。

前述したように、歴史的に、あるいは現在でも、「女」は（多くは男性から）選ばれてはじめて価値を持つものですから、気持ちは理解できます。ですから、マウンティングして、自分のほうが「上」になり「選ばれやすくなる」ようにするのも当然の心理だといえます。

この心理は、自分だけでなく、自分のまわりにいる人（恋人、夫、子ども）の評価にも及びます。その人たちが「格上」でなければ、自分自身の価値が下がってしまうのです。

現実に、既婚女性が子どもの格づけによって別の男性に選ばれるなどということはないでしょうが、きれいな服を着て、きれいなメイクをして、習い事をして、「選ばれてきた」女性にとって、自分のアクセサリー的な「まわりの人」は重要なのです。

さて、自分がマウンティングされてしまった場合はどうしたらよいのでしょうか。

基本的には、マウンティングを「勝負」と考えないことです。人は不安なときに不適切な行動をとるもの。マウンティングも含めて、です。ですから、「ああ、不安なんだな」

と思えば十分です。

相手は不安なのですから、効果的なのは不安を和《やわ》らげることです。「本当、頑張っているよね」「よい恋人を持って幸せだよね」「よい結婚をしたね」などと、相手をほめてあげればよいと思います。自分は関係ありませんので、自分との比較は必要ありません。ただ、相手の不安を和らげてあげればよいのです。

ここで「なんで？」と思うのであれば、自分の中の「女」を考えてみましょう。どんな人の中にも（男性でも）「女」はあります。状況によって、それが強く現れたり、まったく気にならなかったりするだけです。「相手がマウンティングしているのに、なぜ寛大になれるの？」と思った方は、「マウンティング＝困っているというサイン」ということを、よく思い出してください。それが不愉快なのだとしたら、自分自身がマウンティングしてしまっているのかもしれません。

マウンティングに対して同様の姿勢でやり返すと、相手の「困り度」が増すので、結果はさらに不快なものになると思います。

マウンティングを「勝負」と考えない

8

うつっぽいときの気持ちの整理法

ネガティブ思考に陥ってしまうときは

ものごとに向きあうとき、悲観的・否定的にとらえる考え方を「ネガティブ思考」などと言います。

「前向きに！」と思えば簡単にできるような方は本書をお読みになっていないでしょうから、「どうしてもネガティブになってしまう」という方向けにお話しします。

人間がネガティブ思考になってしまうことには理由があります。「どうせうまくいくわけがない」というメッセージを受けとりながら育ってきたり、ひどい失敗体験があったり、もともとの不安が強かったり。

よくよく話を聞いてみれば、必ずそこには「事情」を見つけることができます。あるいは、現在、疲れ切っていて、うつになりかかっているという可能性も。

つまり、ネガティブ思考は「好ましくないもの」という以前に、「それぞれの事情を反映したもの」と考えることができるのです。

そこに、「ネガティブ思考はよくない」という価値観をのせてしまうと、ますます「自分はダメだ」という考えが強まり、ネガティブになってしまいます。

まずは、「自分がネガティブになることには、『事情』があるのだ」ということを認めましょう。そして、「今、自分がネガティブになるのは、仕方ないことなんだな」と納得しましょう。

これだけでも自己肯定の作用がありますので、負《ふ》の連鎖《れんさ》を止める効果があります。

また、自分の「事情」を考えてみれば、自分がよく頑張ってきたということもわかると思います。

「でも、もっとたいへんな人もいるのだから」と思うのであれば、それも立派なネガティブ思考です。

自分にやさしくなることが、負の連鎖から抜けだすための第一歩です。イメージとしては、自分の親友が逆境の中で「自分はダメだ」と落ちこんでいるときに、「そんなことないよ。よく頑張っているよ」と伝える感じでしょうか。

自分がネガティブになることには「事情」がある

やる気のスイッチが入らないときは

職場などで、やる気が感じられない人が問題視されることはありませんか。

自分の仕事に「やる気」を感じられる、というのはとても幸せなことです。そこから考えると、「やる気」がないのに仕事をしなければならない、という人は決して幸せではないでしょう。

可能であれば、なぜ「やる気」がないのかを聴《き》いてみるとよいと思います。仕事に価値が感じられない、ということもあるでしょうし、もしかしたらうつ病なのかもしれないのです。

うつ病であれば、「頑張って」と励ますのはよくありませんから、別の戦略になります。しかし、単に価値が感じられない、というのであれば、その理由をよく聴いてみましょう。「仕事は食べていける程度に」という人生観の持ち主なのかもしれません。そんな人に叱《しっ》咤激励《たげきれい》してしまうと、ますますやる気を失わせてしまうでしょう。

効果的なのは人間関係の活用

効果的な方法は、人間関係の活用です。一般的な傾向として、男性は努力して頑張ったことをほめられるとやる気を出します。

「君がやったあの仕事、ものすごく評価が高いよ」などと、小さなことでもよいので見つけて、ほめてあげましょう。

見つけることができなければ、小さな仕事を与えて、「よく頑張ってくれたね。君は仕事ができるね」と伝えてあげればよいでしょう。

一方、女性の一般的な傾向としては、「存在を大切に思ってもらうこと」でやる気が出ます。

ある仕事の出来をほめるのももちろん重要なのですが、それ以上に、「君はこの部署にとってなくてはならない存在なんだよ。自分ではそう思えないかもしれないけれども、本当のことなんだよ」というようなことを伝えてみたらどうでしょうか。

実際、誰もが尊重されるべき存在。決しておべんちゃらで人を操作するのとは違うと思います。

空虚感や燃えつき感に襲われたときは

目標に向かって邁進《まいしん》することは人を成長させてくれます。そして、それが達成できたときには、心からの満足感と喜びがもたらされることでしょう。

しかし、それが一点集中型であればあるほど、「やるべきことはやりきった」と意欲を失ったり、それまでの目標がなくなることによる空虚感《くうきょかん》に襲われたりすることもあります。

かなり無理をした人の場合は「燃えつき」という現象も起こってきます。

「燃えつき症候群」というのは、自分が最善と信じ全力を投入してきたことが失望や落胆のうちに終わり、エネルギーを使い果たしたときに起こるもので、心身の疲弊、感情の枯《こ》渇《かつ》、無気力、自己嫌悪《けんお》、仕事嫌悪、思いやりの消失などの症状をともないます。うつ病に発展することもあります。

これらのテーマは、大きく言えば「変化」という視点でとらえることができます。

「大きな目標に向けて邁進している役割」から、次の生活に入っていかなければならないためです。

変化を乗り越える際には大原則があります。

まずは、自分の感情を素直に認めること。「あれだけ頑張って疲れた」「当分何もやる気がしない」「これからは何を目標にして生きたらよいかわからない」など、いろいろな気持ちがあると思います。

それらを否定せずに感じていけば、だんだんと気持ちが癒《い》えてくるものです。そして、「さて、何かを始めよう」という気持ちもまた育ってきます。

できれば、それを打ち明けられる人がいると、より効果的です。アドバイスを押しつけることもなく「そりゃあ、あれだけ努力していたんだから」と温《あたた》かく受けとめて、愚痴《ぐち》を聴いてくれる人の存在は大きいのです。

変化を支えるのは自らの感情の肯定と、人からの支え。それがポイントだと思います。

自分の感情を素直に認める

モラハラされたときは

最近、よく耳にするようになった「モラルハラスメント（モラハラ）」。相手への精神的な暴力やいやがらせのことを意味しますが、聞いたことはあっても、実態をきちんと理解している人はまだ多くないようです。

「モラルハラスメント」というのは、言葉や態度などによっておこなわれる精神的な虐待《ぎゃくたい》で、身近な誰かの非を見つけ、人間的な価値を貶《おとし》めて虐待者の自己愛を満足させるものです。

モラハラは、一見「正論」に基づきます。「おまえはどうして人間としてのレベルがそんなに低いのだ」というメッセージがその基本にありますので、もともと自己肯定感が低い人はすぐに巻きこまれてしまいます。

そうでなかった人も、長年夫婦生活などをともにすると、自分が本当にダメな人間だという感覚をすり込まれていくのです。

家庭だけでなく、職場などでもモラハラは成立します。自己肯定感がもともと低い人の場合は、それを「当然の人間関係」として受けとりますから、自分がモラハラの被害者であることに気づかない場合も多いのです。

被害者は、非難されるのは自分に非があるからだという思いこみを植えつけられるため、それが虐待であるという認識を持ちにくく、自分はよりよい扱いに値するということに気づけなくなることが悪循環につながりやすい、という構造になっています。

モラハラから脱するための基本姿勢はシンプルです。それは、「仮に相手のことを有能ではないと思ったとして、自分はそこまで人格否定的なことを言うだろうか」と自分に問いかけることです。

「自分だったらやらない」「そんなひどいことは言えない」という答えが出れば、それはモラハラだと判断してよいでしょう。「自分がダメだから言われても仕方がない」のではなく、「相手がモラハラをしている」のです。

それは「自分の問題」ではなく「相手の問題」と位置づけ直して、距離を置いたり、人に相談したりしましょう。

「自分の問題」ではなく「相手の問題」

思春期の子どもが心配なときは

子育てにはいろいろな心配がつきものですが、とくに思春期のむずかしい年頃は、不登校、引きこもりなど、心配なことがたくさんありますね。
思春期になると、子どもは自分の世界を持つようになります。もちろんそれは子どもが健康に育っている証拠なのですが、それにともなって親の姿勢も変えていく必要があります。

簡単に言えば、ふだんは子どもの自主性にまかせ、「ここぞ」というところでだけ親の思いを伝えたり問題解決能力を伸ばしてあげたり、という形が望ましいのです。

このメリハリをつけないと、子どもを常にネガティブな目で見張り、「うちの子は大丈夫なのだろうか」と心配しつづける、というようなことにもなってきます。そして、心配のつもりでかけたひとことが、子どもには「親は自分を信用していない」と受けとられ、子どもの自己肯定感を損《そこ》ねることにもなります。

もちろん、いじめなど外的な問題は無視できないのですが、基本的に子どもはその子らしく育っていくもの。「子育て」というよりも、「子育ち」を後方支援するのが親の役割です。

まずは自分の子どもには健康に育つ能力があると信じましょう。心を病んだ子どもを診《み》ていて痛感するのは、疑うより信じるほうがはるかにプラスだということです。

また、思春期の子は、いろいろな問題に巻きこまれがちです。

いつでも相談してもらえるように、何かあったら相談するように子どもに日頃から伝えておくと同時に、実際に子どもが何かを打ち明けてきたときには、その内容に動転する前に「言いにくいことだったろうに、よく打ち明けてくれた」と、その勇気と信頼感をたたえるようにしましょう。

それを忘れずにいれば、子どもはこれからも周囲の人たちに助けてもらいながら健康な人生を歩んでいけるというイメージをつかむことができるはずです。

疑うより信じるほうがはるかにプラス

「介護うつ」になりそうなときは

高齢の親を息子や娘が介護したり、年をとった夫の面倒を同年代の妻がみたりする時代です。それが長く続くと、介護する人にとってたいへんな苦労があるのも事実です。

「介護うつ」というものがあります。介護を一人で抱えこんでしまった結果起こってくるうつ病です。

二〇〇五年の厚生労働省の調べによると介護者のおよそ四人に一人が「うつ状態」にあるといいます。最悪の場合、自殺や無理心中につながることもあります。

なぜ介護を抱えこんでしまうのかというと、やはり肉親としての情や、「私がいちばん世話の仕方を知っている」という思いからでしょう。施設などに預けることについての罪《ざい》悪感《あくかん》もあると思います。

介護は、その物理的な負担のみならず、先の見えなさ、拘束感《こうそくかん》、完璧な介護への囚《とら》われなど、うつ病につながりやすいいくつもの要因を持っています。一人で介護を抱えこんで疲《ひ》弊《へい》し、精神的に孤立したときにうつ病に陥《おちい》りやすいことが知られています。

「今だけは私の時間」と割り切る。愚痴も大切

私は、介護は社会的におこなうほうがよいと思っています。もちろん施設の待機期間が長いなどの問題はありますから、理想通りにはいかないと思います。でも、労働的な部分はできるだけ公的支援で、そして、情緒的な部分は家族が担《にな》うのが、最もよい形なのではないかと思います。

待機期間中や、それ以外の事情により自分で介護をしなければならない場合は、「自分の時間」を確保することがとても重要です。そもそも自分自身が燃え尽きてしまったら介護が成立しなくなってしまいますから。

何らかの趣味や活動に打ちこんでもいいし、そんな時間もとれないくらいなら、せめておいしいお茶をゆっくり飲みましょう。「今だけは私の時間」と割り切る心はとても大切ですし、それ以外の時間のためのエネルギーを生みます。

愚痴を言ったり相談したりすることも大切。セルフケアを心がけることはとても重要です。

同居の「嫁・姑」の間に確執があるときは

同居している義母との関係に疲れたと、四〇代の専業主婦の方のお話をうかがいました。一見、「理解ある姑《しゅうとめ》」のように振る舞い、「実家にもいつでも遊びに行ってきていいのよ」と言うので、実際に行って帰ってくると、あからさまに不機嫌な様子。夫も板挟《いたばさ》みになっているということです。

息子はおおむね母親に対してやさしいので、母親にとって息子が特別な存在であることはめずらしくありません。ですから、多くの母親にとって、息子の結婚は感情のコントロールがむずかしいものです。

自分の最愛の息子が、「お母さんではなく他の女性がいちばん大切だよ」というメッセージを、結婚を通して伝えてくるからです。そこには多かれ少なかれ、寂しさや嫉妬《しっと》が起こります。

「息子の人生は息子のもの」としっかりと割り切っている人は、そもそもこのご相談における義母ではないと思うので、ここでは感情的な葛藤《かっとう》を抱えている義母を対象に考えてみましょう。

もちろん義母も「いい姑」でいたいとは思うでしょうから、「実家にもいつでも遊びに行ってきていいのよ」とは言うでしょう。とくに「女」（43ページ参照）は嫌われることが苦手《にがて》ですから、とりあえずいい顔をする、というのはめずらしくありません。また、嫁をいじめることで息子に嫌われるのも困る、という気持ちもあると思います。

とりあえず、ものわかりのいいことを言う。でもそれは決して本心ではないので、実際にその通りにされてしまうと不機嫌になる。義母の不機嫌さを見ると、妻は「どうしたら義母の機嫌をよくできるのだろう」と考え、関係性がこじれる。そんなパターンが、一つ屋根の下で暮らしていくうえで慢性的にストレスのタネになっている、ということは少なくないでしょう。

そもそも義母との関係は、夫あってのものなのですから、夫にもできるだけ活躍してもらう必要があるのは間違いありません。

「いつでも実家に遊びに行っていいと言うけれど、本当のところ、どのくらいならいいの？　率直なところをお義母《かあ》さんに聴いてみてよ」などと相談できるのは、夫だけだと思います。

夫の活躍は当然として、それでも、義母との同居という生活形態を選んだのであれば、ストレスを減じるために、同居者である義母との関係性も築《きず》いていく必要があります。

そのスタート地点が「息子を奪われた」という義母の感情にあり、「息子の妻になる以上は、息子にとって最善のことをしてもらいたい（本音《ほんね》を言えば、うちに嫁いできた人間である以上、実家になど帰らないでほしい）」という義母の希望にある、ということは大きなハンディですが、それでも関係性を築いていくことはできます。

「女」が不機嫌になるのは、自分が大切にされていないと思うからです。「実家に帰りたがる＝義母よりも実の両親のほうがよい」とも感じられるでしょう。ですから、義母が不機嫌なときこそ、大切にして距離を縮めていくタイミングです。

一緒に買い物に行くなど何かを楽しんで、義母との友情を深めましょう。義母が自慢としているレシピなどを教えてもらって、「さすがお義母さん！」とほめましょう。夫をめぐって敵対関係になるのではなく、夫をほめ、「お義母さんの育て方がよかったから」と言うのもいいと思います。

義母の反応を気にしてしまう妻にも、「女」の要素が影響しているのだと思います。

「やっていい」と言われたことをすると不機嫌になる、というのは大人の反応ではありません。ですから、それは見なかったことにする（水に流してあげる）のも、一つの手なのです。

人との関係は、育てていくものです。「やっていい」と言われたことは思い切ってする。義母が不機嫌になったら、見て見ぬふりをする。そして、義母との友情を築けるような行動をとっていく。

そうしているうちに、義母も、単なる「夫の母」ではなく、同居している年長女性、という立ち位置に近づいてくるのではないかと思います。

「夫の母」から「同居の年長女性」の立ち位置に

あとがき

本書をお読みになっていかがでしたでしょうか。

この本では、いろいろな方たちの悩みや事情が語られています。

私は人の話を聴《き》くたびに、「みんな一生懸命生きているんだな」と感じます。手抜きをしているように見える人にも、よくよく聴けばその理由があるのです。過去に大失敗をして、その後消極的になっている、ということもあるでしょう。私生活のいろいろな悩みに翻弄《ほんろう》されて、職場では「心ここにあらず」の人もいると思います。またその逆もあり、仕事のことで頭がいっぱいになり、身近な人と心が通わなくなってしまう人もいます。

お読みいただくと、「人は、対人関係によって悩み、人からの支えによって立ち直る」ということをおわかりいただけるのではないかと思います。人間は社会的生物なのですが、まさに、問題解決のヒントは人と人との関係の中にあるといえます。

多くの方の悩みに直接触れることで、「悩んでいるのは自分一人ではないのだ」と感じていただくこと、そして、自分自身の生活においても「ちょっとした勇気」を持って人の助けを借りること、そんなことが本書によってできるようになれば何よりです。すぐにはできなくても、まずはそのような意識を持つことが、大きな第一歩です。

　最後になりますが、連載をまとめて本にしてみませんか、というアイディアをくださったさくら舎の古屋信吾社長、そして編集にご尽力くださった猪俣久子さんに感謝申しあげます。最初、古屋社長から「連載をまとめて本にしたい」と言われたときには、こんなにテーマがバラバラなのにそんなことが可能なのか、と半信半疑でした。しかし、センスのよい編集によって、読み応えのある一冊にしていただいたことに、心から敬意を表します。まさに「餅《もち》は餅屋」ですね。

　また、そもそもの新聞連載のお声掛けをいただきました、東京新聞の高山晶一さん、北日本新聞の関口和美さんにも、たいへん感謝しております。高山さんは、ご自身が宇都宮支局のデスクでおられたとき、多忙を理由に逃げ腰だった私に対して、「自分が決定権を持つ間に連載を実現したい」という熱意を持って連載開始を説得してくださいました。そういう意味では、本書の生みの親ともいえます。

　私は江戸っ子ですが、衆議院議員だった間、宇都宮に六年間住んでおりましたので、宇都宮のみなさまへの感謝も込めて引き受けさせていただきました。その後高山さんは異動されましたが、後任のみなさまがしっかりと引き継いでくださっています。

北日本新聞の関口さんは、私が富山で講演をしたときに熱心に聴講してくださり、「ぜひ」と連載企画を立ててくださいました。人の役に立つ、新しいことを始めてみようと実際に動かれたお二人には、たくさんの勇気をいただいています。

また、何よりも、たいへん示唆《しさ》に富むご相談を寄せてくださった読者のみなさま、私に多くの経験をさせてくださった患者さん、ボランティア活動の仲間のみなさん、私が衆議院議員だった頃にいろいろな悩みを打ち明けてくださったみなさまに心から感謝申しあげます。未熟な私を、無条件の愛によって、より寛大な存在にしてくれたわが子たちにもお礼を言いたいと思います。

本書がみなさまの直接のお役に立つことを祈っておりますし、いろいろな悩みはありながらも、それぞれの人が一生懸命生きている、そんな感覚を共有できれば、何よりも幸せです。

自分に対しても他人に対しても寛容に接することができる社会になりますように。

水島広子《みずしまひろこ》

本書は、東京新聞栃木版ならびに一部茨城版に連載の「こころの健康便」（二〇一三年四月～二〇一七年一〇月）と、北日本新聞に連載の「『女』のホンネ」（二〇一六年九月～二〇一七年九月）を加筆・修正し、編集したものです。

著者略歴

精神科医。慶應義塾大学医学部卒業、同大学院修了（医学博士）。慶應義塾大学医学部精神神経科勤務を経て、現在、対人関係療法専門クリニック院長、慶應義塾大学医学部非常勤講師（精神神経科）。アティテューディナル・ヒーリング・ジャパン（ＡＨＪ）代表。二〇〇〇年六月〜二〇〇五年八月、衆議院議員として児童虐待防止法の抜本的改正をはじめ、数々の法案の修正に力を尽くし実現させた。
著書にはベストセラー『女子の人間関係』（サンクチュアリ出版）、『「怒り」がスーッと消える本』『自己肯定感、持っていますか？』『大人のための「困った感情」のトリセツ』（以上、大和出版）、『「心がボロボロ」がスーッとラクになる本』『プレッシャーに負けない方法』（以上、さくら舎）、『自分でできる対人関係療法』（創元社）などがある。

困《こま》った悩《なや》みが消《き》える感情整理法《かんじょうせいりほう》

二〇一八年一月一一日　第一刷発行

著者　水島広子《みずしまひろこ》
発行者　古屋信吾
発行所　株式会社さくら舎　http://www.sakurasha.com
東京都千代田区富士見一-二-一一　〒一〇二-〇〇七一
電話　営業　〇三-五二一一-六五三三　ＦＡＸ　〇三-五二一一-六四八一
編集　〇三-五二一一-六四八〇
振替　〇〇一九〇-八-四〇二〇六〇

装丁・本文デザイン　アルビレオ
イラスト　ねこまき（ミューズワーク）
印刷・製本　中央精版印刷株式会社

ISBN978-4-86581-133-9